邓湘子彩色笔作文书

高级版
激活发现思维

邓湘子◎编著

做得有创意，表达更精彩。

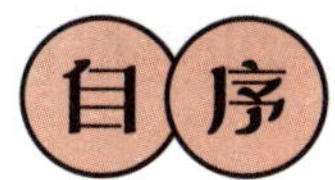

自序

1

这套“邓湘子彩色笔作文书”一共有四册，即：

初级版·学写发现笔记
中级版·爱上发现作文
高级版·激活发现思维
参照系·发现阅读文选

细心的读者一看，就会了解到，前面三册是作文书，后面一册是阅读文选。为什么这样组合？因为在我看来，阅读是写作的基础，习作者首先要做的，是看清楚文章的基本样子，尤其要看清优秀文章的基本样子。

这套书的使用，要从阅读开始。

我观察儿童的成长，看到玩具在童年生活里发挥的魔力。给一个滑板，或者一辆自行车，他们感受神奇的速度；给一个画板，再加一支画笔，他们能领略绘画的美妙；给一个纸飞机，或者一只风筝，他们会放飞高远的想象……

在儿童那里，所有的玩具都是工具，帮助他们去探索世界；而所有的工具都是玩具，让他们得到巨大的快乐。

因此，我在这套书里加入了一个重要的元素——彩色笔。我希望它是孩子们阅读的工具，也是他们学习写作的玩具。

使用彩色笔去阅读，是为了更好地看清楚文章的基本样子。

用好彩色笔去写作，有助于写出更精彩的作文。

2

我对文章的基本样子有如下观点：

一、在我看来，好的文章里表达了作者的生命体验、心灵感悟、理性思考和独自发现。

二、好的文章写的都是作者自己的故事，里面有作者的感觉、感情、情绪、思考、思想、思维、联想、想象、创意甚至创造。

三、好的文章里有作者运用的各种写作方法。

孩子们在学习写作的过程中，应该借助有用的阅读工具，看清楚文章里的各种元素。“看清楚”的过程就是在阅读中深入学习的过程。彩色笔就是我们提供给孩子们的阅读工具。

比方说，彩色笔可以帮助你看清楚文章里的各种感觉。具体做法是，请你使用不同颜色的笔将与不同感官有关的句子画出来——

- 红色笔——眼睛观察的句子；
- 橙色笔——鼻子感受的句子；
- 黄色笔——有关肤觉的句子；
- 绿色笔——嘴巴说出的句子；
- 青色笔——有关味道的句子；
- 蓝色笔——耳朵听到的句子；
- 紫色笔——心灵感受和思考判断的句子……

这就是“划一划，找感觉”阅读游戏。

使用彩色笔做这个阅读游戏，帮助你打开生命感官。

诚然，用彩色笔进行阅读探索，还有更多的用途。我们在《参照系·发现阅读文选》里设计了一些动手动脑的练习，请在阅读过程中用起来。相信彩色笔这一阅读工具，一定会给你带来阅读的惊喜和全新的启发。

我提倡“用发现的眼光去阅读”。

从阅读中看清楚了文章的基本样子，从阅读中弄清了文章与作者之间的关系，你就可以开始动笔练习写作了。

3

其他三册作文书里，有许多关于写作的创意设计，就是要激发你去行动，去思考，去探索，去发现，在此基础之上来记录自己创造的故事和体验。

我提倡“用发现的眼光写作文”。

我对作文训练有如下观点：

一、内容是第一的，也就是“内容为王”。内容从哪里来？从你的行动来，从你的探索、思考、感悟、体验、发现和创造中来。

二、小学和初中阶段的作文，主要是记叙文，其实就是记录自己的成长故事。我提倡同学们要做小行动者、小探索者、小思想者、小发现者。你的行动敏捷起来，你的生活丰富起来，你的故事精彩起来，你的心灵你的大脑被激活了，你的作文自然也有了精彩而丰富的内容。

三、小学和初中学生写的作文，如果内容比较新鲜、文笔比较生动、表达比较集中，我认为就是比较优秀的作文了。如果你觉得自己找不到新鲜的材料，那就主动去做一件有创意的美好事情。动手动脑，感悟体验，探索发现，作文内容才会更新鲜！

看清作文就是讲述与记录自己的故事，看清作文的内容来自作者的行动与体验，可以减缓习作者对于作文的焦虑与畏难情绪，并且找到努力的方向。

其他三册作文以“初级”“中级”“高级”标明了训练阶梯，当然是由低到高地进行练习阶梯。

4

我的作文观念被我自己定义为“发现作文”。

什么是“发现”？

什么是“发现作文”？

什么是“发现思维”？

如果你愿意更多地探索和了解这些问题，建议在本套书中去寻找并研读《为什么提倡小朋友写“发现作文”》《听到花开的声音》《爱的礼物》这三篇文章。

也可以阅读我的专著《发现作文·风靡版》。

5

本套书的使用与操作，有一个重要方法，就是结对交流。

结对一：找一两个同龄的同伴，一起开展书中的读写活动，彼此交流互动，肯定优点，指出不足。

结对二：爸爸或妈妈也来当小作者的学习伙伴，促进活动开展，解决一些问题。比如，有的小作者开展活动后，有了自己的故事和体验，却不知如何动笔。这时候可以进行“你说我记”活动——孩子说，父母记。如果孩子说得不充分，父母再提问，孩子又补充。在此基础上整理成内容比较充实的作文。两三次这样的互动记录之后，孩子一般都能找到自己的语言感觉。

写作文时，当然使用黑色笔或者蓝色笔。彩色笔在学习与互动的过程中要发挥特别的作用。

同伴、父母看到习作中的不足之处，要用彩色笔写出意见。如，“建议你在这里把动作细节描写得更具体一些”，动作细节是眼睛看得见的，所以用红色笔来写建议；“要增加人物的对话，表达会更生动”，对话是耳朵听到的，所以这句话要用蓝色笔来写。作者用相应的颜色的笔，对自己的作文进行修改。

让彩色笔动起来，与伙伴共同进步。

希望同学们做主动的学习者——在行动中创造自己的精彩故事，在习作中记录自己的精彩故事和独特体验。这样，你就会让自己成长为更优秀的人、更美好的人！

（本书引用了部分小朋友的投稿作品以作范文展示，大部分文稿都已注明作者和指导老师，少部分实因联系方式缺失无法注明，在此一并表示感谢。）

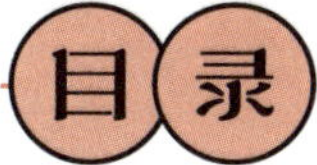

目录

主题 1 *

我喜欢

高个子女儿回到家，放下书包，说：“妈妈，老师布置我们以‘我喜欢’为主题，连续写十篇日记。”

矮妈妈递给女儿一只苹果，说：“你喜欢的一种东西来了，你一边吃，就一边写第一篇吧。”

高个子女儿接过红苹果，咬了一大口，吃完后说：“真好吃，可是吃这只苹果，要写出一篇好作文，我觉得很难。”

“你只要结果，当然就难。”矮妈妈说，“不要忘记了作文的常识，要从什么开始？”

“哎呀，真是的。”高个子女儿说，“我可以从提问开始。《发现作文·风靡版》里说，提问引出探索行动，一个人行动起来就会产生故事，就会有自己的体验、思考和感悟，甚至会有自己的发现。”

矮妈妈兴奋地说：“面对一只苹果，你会提出什么样的问题？”

“我想想。”高个子女儿轻轻敲着自己的额头，“我为什么喜欢吃苹果？好像不用观察、思考、探索，我就可以回答这个问题。”

“哈哈，你试着回答一下。”矮妈妈说。

“苹果有营养啊，苹果味道好啊。”高个子女儿说，“可是这样的回答，不能写出一篇像样的作文啊，也没有一点个人的特色。”

“你可以重新提一个有探索价值的问题！”矮妈妈说。

“我要好好想一下。”高个子女儿走进自己的房间了，过了一会儿，兴冲冲地跑出来，“爸爸每次都买又好看、又好吃的苹果回家，这是为什么？”

“哈，这个问题也许能引出一个好故事。”矮妈妈说。

“我们两个都喜欢吃苹果，爸爸买回来的苹果里包含了丰富的感情哦。”高个子女儿高兴地说，“我跟着爸爸去买过苹果，观察到他挑选苹果的很多细节。”

“你这么说，好像开窍了。”矮妈妈说，“你每一种‘喜欢’的背后，有平常的理由，也会有精彩的故事。你当然不要让平常的理由把精彩的故事遮掩了，而要把那些更精彩的故事和细节挖掘出来，写出来。”

阅读提示 Yuedu Tishi

读第一遍，当然是轻松自由地阅读。

读完第一遍后，你要想一想：这篇作品表达了作者怎样的“喜欢”？用什么样的细节、动作，来表达出“喜欢”之情？

拿出你的彩色笔，找一找作者是如何表达的，画出那些给了你特别感觉的句子或段落。

让彩色笔帮助你在阅读过程中学会分析和思考，从而让你的阅读更有收获，更有质量！

那一池荷塘

广东省东莞市外国语学校五(2)班★李雪晴

一眼望去，荷塘就在眼前，美景尽收眼底。

抬头向上，湛蓝的天空就像一望无际的海洋，中间飘着白色的小帆船。

不远处，一片茂密的树林在微风中摇摆，婀娜多姿，还发出“沙沙”的响声。荷塘上有一座弯弯的石拱桥，小桥的两岸长满绿油油的小草，小草中间开着星星点点的野花，还有几个小孩子正在草地上追赶嬉戏呢！侧耳细听，你还听到远处树林中传来蝉鸣鸟唱，我虽然听不懂它们的语言，但我能听懂它们的自由与快乐，它们好像在欢聚，又好像彼此在倾诉着什么……

要说最美的就是这一池荷叶、荷花了。荷塘上面，放眼望去都是层层叠叠的碧绿的荷叶。每一片荷叶的形态都不一样，有的像一个迷你的澡盆，有的像亭亭的舞女的裙，还没来得及展开的叶子像声音洪亮的号角。如果这荷叶是一群谦谦君子，那这一朵朵荷花便是一个个妙龄少女了：层层的叶子中间，点缀着姿态万千的荷花，有白色，有粉红色。有袅娜地开着的，有羞涩地打着朵儿的，有含苞欲放的，也有“小荷才露尖尖角，早有蜻蜓立上头”……

偶尔一阵风吹来，你会听到荷叶“唰唰”的响声，几滴水珠从荷叶上滑落，坠入池塘，发出“啪”的一声，惊得鱼儿在水面上蹦来蹦去，此时的水面上也会泛起一圈一圈的水波，在阳光的照耀下显得波光粼粼，好看得很。

如果你驻足凝望，轻闭双眼，你会闻到荷花芬芳的香味和荷叶的清香杂在一起，真是沁透心脾啊！

不知不觉，我才发现晚霞已经到来，回家的时间到了，我久久不愿离去。

壮美风雨桥

湖南省新晃侗族自治县晃州镇二完小四年级★ 杨涵

我最喜欢晃州风雨桥。

晃州风雨桥是在 2002 年重建，历经风雨。远远望去，它横卧在清澈的舞水河上，宛如一条金色的长龙。桥连城南北，桥长 220 米，桥高 15 米至 20 米，桥墩为钢筋混凝土构成。桥上有南北两座门楼，五座鼓楼。鼓楼形似宝塔，气势宏伟。

来到桥头的门楼，我看到两只威武的石狮子口含宝珠，镇定地蹲在门楼两侧，仿佛是风雨桥的士兵。

门楼上刻有醒目的五个大字“晃州风雨桥”，旁边的门柱上刻有一副对联“春醉晃山开画境，梦圆舞水卧霓虹”。

风雨桥头的石栏栏板上刻有许多精美的人文风情图案，比如“吹木叶、推磨、敲闹年锣……”

风雨桥宽近 10 米，两侧长廊设有长凳，供行人观赏和休息。中间长廊近6米便于疏通集中的人群。桥面由青石板铺成，踩在上面，感觉好亲切。

抬头望去，风雨桥全用实木横穿直套筑成，整座桥梁不用一钉一铆。柱子上凿通无数大小不同的孔眼，大小条木，凿木相吻，以榫衔接，雄伟风姿，结实牢固，颇为壮观。

楼亭重瓦飞檐，独具匠心，脊镶瓷龙，神态逼真，柱书楹联，雅俗共赏。你会常常看到长廊的木凳上有坐着拉二胡的、下棋的、聊天的人，好不惬意。

我坐在木凳上往桥身望去，忽然发现桥顶上刻有喜鹊。侗族的人们喜爱鸟类，“喜鹊到，福气到”。

晃州风雨桥是侗族儿女们的劳动智慧的结晶，是极具民族气息的艺术珍品。

（指导老师：向监萍）

亲爱的范老师

长沙市天心区天鸿小学五年级★匡鑫佳

我叫匡鑫佳，是一名爱放声歌唱的女孩。

半年前，我从来不敢在舞台上唱歌，经过在合唱团的学习和锻炼，我变得快乐、自信，敢于歌唱了。

第一次参加合唱培训的时候，我站在角落里，嘴巴里轻轻地哼着。听到旁边的成员们大声歌唱，我很紧张。

范老师走到我身边，微微侧着身子，认真地听我的歌声。旁边的同学们也停了下来。教室里一下变得安静了许多。可我嘴巴怎么也打不开，声音比蚊子声还小。范老师微笑地看着我，朝我点点头。我得到了鼓励，声音渐渐大了起来。范老师再次微笑着冲我点头。就这样，在范老师的鼓励下，经过一次一次训练，我终于敢放声歌唱了。之后，不管在什么演出、比赛中，不管我有多紧张，只要看到范老师的眼睛，我都会深呼吸，静下心来，调整好状态。

在合唱团里，我们不仅要唱歌，还要识谱。

范老师讲的课格外有趣。

有一次，范老师给我们讲解一段乐谱，我们唱了几遍都没有达到老师说的效果。范老师弹了一遍钢琴，说："你们听，这段音乐就像小孩子下楼梯，又快又准。每个音符都像一级台阶，一步一步跑下去，要跑在点上，还要保持连续性。"这样一解释，我一下就明白了。再唱的时候，我们就把那种欢快节奏感唱出来了。

我喜欢亲爱的范老师，她把我们凝聚在一起，给我们带来很多欢乐。

在"一点点"中慢慢长大

湖南省凤凰县箭道坪小学五年级★刘星宇

我喜欢蓝印，喜欢蓝色。

我创作过一幅蓝印作品——《花》。蓝色是天空的颜色。花朵开在草丛里，开在树枝上，和土地紧密地联系在一起。用蓝色来表达花朵，我觉得把天空和大地联系在一起了，很喜欢。

这幅作品花了我几个星期——每幅蓝印作品，我都需要几个星期才能完成。在学校美术室里，拿着雕刻蓝印漏板的工具，一点点雕刻出花的轮廓，我的心非常安静。

花朵在我的手里慢慢"绽放"，就像种子经历的发芽、长大，开出了美丽的花。看着它，看着刻下的每一条细小的纹路，我觉得很亲切。

我是土家族人。我喜欢长满大树的大山。外婆家住在山里，我常常会去看望她。外婆家以前住在一栋老木房子里。房子里黑乎乎的，走起路来咚咚响。现在，外婆家建了新房子，宽敞、明亮。我喜欢明亮的房子，喜欢明亮的天空，喜欢明亮而欢快的一切。我想在我的蓝印作品里把这种明亮、欢快，通过刻绘、印制，传递给大家。

如果要我用一个词来形容我创作蓝印作品时的感觉，我会选择“安静”。

我坐下来，拿起刻刀，我的心里就会静下来、自在起来。蓝印的创作比一般的画要麻烦一些、辛苦一些，但我喜欢。画面一点点被刻刀刻画出来，我就在这“一点点”中慢慢长大，按照我自已所希望的那样长大。

在老师的指导下，我还创作了蓝印填色版画，就是先创作出蓝印作品（需要另外上色的地方保持留白），然后根据需要在蓝印作品上进行填色。这样的作品与众不同，真好玩！

尝试用不同的创作方式进行创作，能让我体验到不同的感觉，带来与众不同的效果。大家都可以来试试。

写作提示 Xiezuo Tishi

阅读上面的作文，用彩色笔画出你的分析和思考，你就可以感知到：“喜欢”是一种美好的体验，也是一种强大的动力。

《那一池荷塘》写出了对荷塘的观察与感受，写得有声、有色、有味。

《壮美风雨桥》写出了细致的观察与美，“喜欢”正是小作者用心观察的动力。

《亲爱的范老师》写出自己对老师的喜欢，这种感觉让学习变得更美好。

《在“一点点”中慢慢长大》写出对家乡传统艺术蓝印的喜欢，并且把这种美好感觉变成了学习与创造的动力。

从自己的喜欢出发，进一步去观察、去感受、去发现，我们的生活和学习会变得多姿多彩，写作也会拥有更多生动、美好的素材。

主题2 *

谢谢你

这个世界上，许许多多与我们有关的人值得我们感谢，许多事物值得我们感恩。建议你用笔在纸上列出来，选择那些最触动你内心的人与事，每天写好其中的一篇。

大枫树小学“兔子班”的同学们对如何写作“谢谢你”这个主题展开讨论，或许有助于你打开思路——

祁好好同学说：“我要感谢爸爸妈妈，同意我学滑板。”

于草儿同学说：“我要谢谢外公，他带我去乡村过暑假。”

宁丁丁同学说：“我要感谢爷爷家的葡萄架，每年都结葡萄给我吃。”

张飞飞同学说：“我要感谢太阳，晴天我的心情格外好。”

邹亮同学说：“我要谢谢莫明，他每天陪伴我一起上学。”

尚可欣同学说：“我要感谢安徒生，他写了我喜欢的《海的女儿》。”

刘小牛同学说：“我要感谢我的鞋子，它陪伴我一起夺得了年级跑步冠军。”

莫明同学说：“我要谢谢我的手，我用我的手制作出漂亮的飞机模型。”

马小新同学说：“我谢谢我的照相机，它让我拍出了许多精彩的照片。”

米晓欣同学说：“我要谢谢发明电话和手机的人。我想念妈妈的时候，打通电话，我就能听到妈妈的声音。”

白老师听了同学们的讨论，高兴地说："你们的讨论很棒，找到了写作的材料，也找到了写作方法。"

"写作方法是什么？我好像还不明白。"宁丁丁同学说。

"你们感谢的心情从哪里来？从一个让你感动和难忘的故事里来。这个故事里有你们要感谢的对象，也有你自己。"白老师停顿下来，"是不是这样？"

"是这样的。"同学们说。

"那么，你们就要写好这个故事。"白老师说，"把这个故事写得生动一点，写得具体一点，写出你的感谢之情是诚恳的，是比较强烈的。"

阅读提示 Yuedu Tishi

拿出你的彩色笔，把作者表达感谢的句子画出来；把为什么要感谢的句子或者段落用另一种颜色的笔画出来。

请你联系这一组文章想一想，“感谢的心情”往往是在怎么的情形下如何产生的？作者表达“感谢的心情”往往是通过什么方式来表达？

谢谢您的爱

湖南省涟源市二小★供稿

爸爸妈妈在贵州工作，我和奶奶住在一起。

奶奶对我特别好。她每天清早起来给我做早餐。看我喝着热腾腾的牛奶，她拿着一个小本子，让我报下午的菜单。

奶奶照着菜单去菜市场，每天都变着花样给我做好吃的。

有一天晚上，我半夜发高烧，奶奶背着我去医院，一晚都没睡。那天晚上，我特别想爸爸妈妈回家。如果他们在家，奶奶就不用这么辛苦，这么累。

——六年级 邓斯稳

爸爸妈妈在外地，我住在姨妈家。

姨妈家有个小弟弟，还有个大哥哥。小弟弟特别可爱。我做作业的时候，他会去给我倒水喝。我喜欢带他一起玩，教他做作业。

姨妈很关心我。她每天要上班，还要照顾我们三个小孩子，洗三个人的衣服，真辛苦。

——五年级 钟艺兰

爸爸妈妈在广州，他们经常给我打电话。

一直是姑妈照顾我。我很喜欢她。我的姑妈很漂亮，可是她觉得自己太胖了。为了减肥，姑妈晚上几乎从来不吃饭。她每天晚上特意给我做好吃的。

我喜欢吃南瓜和牛肉，他们都不喜欢吃，姑妈却经常做这两个菜。

我想对姑妈说，请不要减肥了，你在我心中是世界上最美丽的姑妈。

——五年级 谭家骐

爸爸妈妈请了一个阿姨照顾我。

有一次，我一个人出去玩，阿姨没看到我。妈妈打电话回家，发现我不在，她急得哭了，第二天就匆匆忙忙地回了家。

我生日那天，阿姨做了六七个菜，有烧牛肉、玉米炖排骨，等等。她还准备了一个大蛋糕，让我带到学校和同学分享。我提着蛋糕走进教室，大家都看着我，目瞪口呆。“我想和你们一起过生日。”我有点不好意思地说。大家全都冲了过来，将蛋糕一抢而光，一边吃一边打蛋糕仗，教室里翻了天。

我想对阿姨说，谢谢你这么多年对我的照顾。

——五年级 宋婕好

爸爸妈妈在外地，过年才回家。

奶奶对我很好。去年，过生日的时候，奶奶怕我孤单，特意叫上邻居哥哥一起陪我吃蛋糕，做游戏。我在家的时候，奶奶忙着照顾我。我去上学了，奶奶就去捡废品。捡别人丢弃的纸盒和书本，换来的钱都给我买好吃的。

我不想让奶奶去捡废品了，奶奶年纪大了，应该好好休息。

——五年级 刘倩

我和两个表弟、两个表哥住在外公外婆家。

我们五个都很淘气，打起架来一点都不手软。每天晚上，家里都要发生一场抢遥控器大战，抢不赢的就拔插头，玩得不亦乐乎。

我很喜欢我的哥哥。有一阵子，高年级的一个男孩子经常欺负我，我警告他，我可是有哥哥的人哦。后来，哥哥找到他，说，我今天不和你打架，是怕你受伤了，浪费我奶奶的钱。从那以后，再也没有人敢欺负我了。

我的奶奶很了不起，带着我们五个这么调皮的男孩子。

我们经常在家里打坏东西。推翻饮水机、弄丢遥控器、打坏杯子、把吃饭的筷子丢在地上……奶奶经常说："家里条件不好，你们不要打坏东西了！"

说得我都不好意思了，以后我不能让奶奶这么操心。

——五年级 李滔

谢谢你，我的好伙伴

湖南省桃江县灰山港镇完全小学四年级★ 邹瑾璟

那一年，爸爸妈妈不得不外出打工挣钱，将我交给了外婆。

每天放学，做完作业，我第一件事便是和牛儿玩耍。还清楚地记得刚到外婆家，我第一次放牛的情景。那天，外公在门口亲手将身躯庞大的牛儿交到了我手中，对我千叮咛，万嘱咐：千万别伤了自己，别和牛儿对着干。然后，我便牵着牛儿大踏步地出发了。

走了一段路程，牛儿好像有点不耐烦了。它突然"哞"一声，可把我吓坏了，我连忙倒退了几步，一屁股坐到了地上。牛儿摇了摇尾巴。看着它那得意扬扬的样子，我气得呼呼直叫，连忙站起来拍拍屁股上的灰尘，挥起竹棍朝牛儿的屁股使劲地拍去。没想到，好家伙！这牛还挺有脾气，后蹄一蹬，使劲朝前方跑去。我只好奋力追上去，就这样，你追我赶，折腾了十多分钟，我才将牛儿制服。

我把牛儿系到一棵大树下，终于可以喘口气了！我躺到对面的树下休息，把手枕在脑后，跷起了二郎腿，好不惬意！索性数起了枝干上密密麻麻的树叶，“一片、两片、三片，哎呀！错了……”不知过了多久，一觉醒来，伸了个懒腰，“咦？牛呢？刚刚不是在这儿吗？怎么不见了？”我疑惑不解。“哞——”“啊？怎——怎么回事？你怎么跑到这边来了，你是怎么解绳子的？”猛然发现，牛儿竟跑到我这边吃草。它好像看懂了什么似的，用异样的眼光看着我。看着牛儿那可爱的样子，我不禁笑出了声。

忽而，牛儿又跑了起来，这一次，我没去追它，再定睛一看，它竟往回家的路跑去。我捡起地上赶牛的竹棍子，撒腿就跑，跑到牛儿身边。它突然放慢脚步，停了下来，轻轻跪到地上，我突然理解了牛儿的意思，便踮起双脚骑到了牛儿的背上。

（指导老师：欧雯）

来自“银河系”的教练

六年级★曹予凡

他拥有帅气黝黑的面庞，绽放着阳光般温暖的笑容，只要出现在足球场上，就会引来无数“粉丝”追随。他的名字中含有“银河”二字，有着独特出众的气质和性格。

这位来自“银河系”的教练球技倍儿棒！记得他教我们足球操的时候做花式动作示范：颠球、头球、外脚背弹球、彩虹过人……那叫一个流畅漂亮！我们看得眼花缭乱！连女孩们都惊叹：足球太好玩了！而在训练场上，不管是 1 小时还是 1 天，没有人见他坐下来休息过。示范动作、个别辅导、讲解战略战术……不停不歇，来回穿梭就像一只勤劳的蚂蚁。训练示范时候的那只足球就更有趣了，我总觉得那足球在易教练脚下就像个油炸丸子，灵活、沸腾！所以，我们打心眼里佩服、喜欢易教练，在这位来自“银河系”的教练的带领下，夏练三伏、冬练三九，永远不知疲倦，花样层出不穷，有趣极了！你要是问足球小子们踢足球累不累，保准他们个个都会说："不累！不累！踢球很快乐呀！"

这位来自"银河系"的教练有耐心，对每一个队员总是晓之以理、动之以情，擅长用幽默的话语疏导。有一次中后卫丁显达不小心在拼抢的时候自摆乌龙，易教练没有责怪他，还轻松地说："丁大脚，你脚力不错，下个球你可以用那出色的脚力洞穿对方的球门，将功补过，可好？"这幽默的话语立刻化解了场上紧张的气氛，队员们抛开了一切担心，拼抢更积极了！

教练还特别有"爱心"，他对每一位小球员的性格特点烂熟于心，创造性地把每一位队员和国际大球星一一对应，为队员们树立榜样，进行个性化训练。来到我们球队，你会看到很多"球星"呢——小罗纳尔多、小梅西、小齐达内、小马拉多纳，等等，可谓是大牌云集啊！原来，这些名字都是易教练给爱徒们起的绰号，是他爱心激励的奇招啊！我记得教练对我说："予凡，你的球踢得像巴西内马尔，场上风格快准狠！是我们队的箭头人物，我们的队伍需要你！"因为这句话我爱上了足球，在球场上克服重重困难坚持到底。

当然，他还十分有决心，有大将风范！从不放弃每一次可能成功的机会，冷静执着地指挥每一场比赛。短短的四年，年轻的红卫足球队在他的带领下异军突起，以黑马姿态拿下了长沙市足球比赛冠军、全国青少年夏令营北海赛区冠军等多项荣誉。

我们的教练是美丽壮阔的银河，相信我队的足球小子们个个都会在他的包容悦纳的培养中，成为银河系中闪闪发光的足球新星！

（指导老师：宋梦珩）

写作提示 Xiezuo Tishi

如果不用"感谢"或者"谢谢"这类词，你能写出自己的感谢之情吗？你会采用什么样的方式来表达心中的谢意？

生活中有很多的人值得我们心怀感谢。

把你的思路打开，许多进入你的生命感觉之中的事物也值得感谢。比如，空气、阳光和水；比如，我们阅读一本让人心神愉悦的书，写书的人、编书和印刷的人、把这本书推荐给你的人，都值得我们感谢。

心怀感恩，也是我们与世界连接与交流的美好方式。

主题3＊

真美啊

白老师要求“兔子班”每个同学用“真美啊”这个主题连续写10篇作文。同学们为此展开讨论，激活思维，打开思路——

尚可欣同学说：“我画了许多写生画，把我认为美的形象画下来。我根据这些画来写作文。”

刘小牛同学说：“我们家的阳台，妈妈养了十多种植物，每一种都很美。”

祁好好同学说：“我要细心观察，多比较，选择最美的风景来写。”

于草儿同学说：“我要写班上的十个人，每个人写一个小故事，写出他们的美。愿意被我写的同学请来报名啊！”

宁丁丁同学问：“我写暑假里去的一个村庄，它的房屋、稻田、溪流、树林，还有那里的人，都给了我很美的感觉。”

张飞飞同学说：“我们学校的图书角很美，操场北角的树林子很美……我要写出校园的各种美。”

邹亮同学说：“我喜欢蓝天白云，我喜欢绿草地……我来写一处处环境的美，还要写出保护环境美的人。”

米晓欣同学说：“我要找十本书，从每本书里选出一段最美的文字，把它们抄在我的本子上，并且熟读背诵，领略语言的美。”

莫明同学说：“我喜欢汽车、飞机、轮船，人类制造出来的这些产品，展示了创造之美。我要找来图片，配上文字，科技之美太令人惊喜了，我努力写出一点点来吧。”

白老师听了同学们的讨论，高兴地说：“你们已经体会到，美是丰富多彩的。但是你们要写自己体会过的美，要写自己的观察、自己的领悟、自己的感觉。”

“一朵花很美，可是它并不说自己美。老师，如果我们在作文里没有一句直接赞美的话，别人却认为我们写出来的东西很美，这样是不是更好？”宁丁丁同学问。

“哈，那是很了不起的作文。”白老师说，“你们应该写出这样的作文。”

阅读提示 Yuedu Tishi

你一定知道法国美术家罗丹说的那句名言：“生活中并不缺少美，但是缺少发现美的眼睛。”

许多优秀的文章是作者发现美、表达美的结晶。

建议你在阅读中要学会深入到作者的思维中去：作者是如何发现美的？美在哪里？如何表达美？请你用不同颜色的笔，将文章里不同的内容画出来。

用心画一画，你或许能够从文章里得到更多的感悟和发现。这样就能把阅读变成一个探索学习的过程。赶紧尝试哦！

云端上的草原

六年级★曹予凡

上南山的路是弯弯曲曲的盘山公路。汽车向前行驶，路边山林已经云蒸雾绕，隐隐约约只看见汽车们排起了长龙，场面很壮观！乳白色的云雾实在是太浓了，山上的风很大，那些浓雾就是吹不散也吹不走。

到了山顶，太奇怪了，这里却丝毫没有云雾的踪迹。明媚的阳光之下，牧场是由一座座小的山丘围合而成：蓝天、白云、碧草，黑白相间的奶牛们悠闲地吃着草，再加上山丘上巨大的风车，远远望去，就像一幅美丽的北国的画，只是那一望无际的草原换成了绿草的山丘！就是这神秘莫测的浓浓的云雾，使南山山顶一年四季的气候适宜牧草生长，适合奶牛生活，真是神奇极了！

第二天，原本晴朗的天忽然下起了蒙蒙细雨，我闻到了江南特有的水的滋润的味道，说："这到底还是草原上的江南！"雨中的南山像披着一件薄薄的雾的轻纱，原先在山腰上看到的"神仙山"变成了许多美丽的仙女，在雨雾中若隐若现，十分娇美，别有一番风味！奶牛们还是没有闲着，还是在雨中漫步、吃草，马路边上我就看到几只纯白的奶牛，通身就像是艺术家雕刻出来的玉石一样，十分漂亮。

小伙伴们嚷着要去牧场玩。我们在雨中学习为奶牛挤奶，喝着自己劳动挤出的牛奶，觉得味道特别香甜。周宇涵当天穿了一件黑白相间的衣服和奶牛合影，我们都把他看成了小奶牛，逗得我们哈哈大笑，而我还坚持要在雨中骑马呢！看我一手拿着鞭子，一手握着马的鬃毛，扬扬得意地把自己想象成古代的无敌大将军。这时候，草原啊，奶牛啊，雨雾啊，还有我啊，似乎成为一体的了！这就是欣赏美景时候的天人合一境界吧，那心情实在是太美妙了！

将要离开南山的时候，每个人都喝足了酸奶，每个人都恋恋不舍。我在心里默默地说："再见，南山，你真不愧是云端上的草原，草原上的江南，你的美丽我会永远记在心里。"

星空下的仰望

大同小学六甲班★左岸峰

沿溪洞，那里群星璀璨；沿溪洞，那里萤火飞舞。那是童年回忆的地方，那是未来顿首的地方。至今，我还记得，少年仰望星空，伸出手掌，三只萤火虫闪闪发亮，落在少年的手上。

绿荫不减来时路，添得黄鹂四五声。夏天的风慢慢地吹过，满眼的青山绿水，红叶黄花。蝉的声音在"一水护田将绿绕，两山排闼送青来"的环境下，真如一首悠悠小令。在溪水旁玩耍时，天空忽然下起了小雨。远远地望见，小孩子戴着箬笠穿着蓑衣在雨中玩耍，一派“青箬笠，绿蓑衣，斜风细雨不须归”的景象。

傍晚，雨停了，早有稀稀拉拉的星星挂在远处黛色山脊的夜幕中，应景了“七八个星天外，两三点雨山前”。不久后，天空中最后一缕光亮也被黑云吞没了，星星们稀稀疏疏地散在月亮周围，听她讲故事，一闪一闪的在发笑，久久不闪的在思考。忽然，几只闪闪发亮的星星落在了地上，我好奇地走了上去，那几只星星却飞舞了起来。

“呀！是萤火虫。”我情不自禁地叫起来，“多美啊！”

我追逐它们的轨迹，经过溪水上的小桥，看见流水上也有一些萤火虫。它们亮着萤火，随着水流上下飞舞，耳边又传来了清风送来的蝉鸣声。

这迷人的乡间夜色，将我的思绪拖向遥远的夜空。我相信，这萤火般的光芒，在黑夜里能为迷路的人指引方向。把握希望，把星星放进行囊，就不怕孤单流浪。我相信，萤火般的信仰，能让绝望中虔诚的人长出翅膀，抱住梦想，迎着星光就能飞翔到遥远的地方。

（指导老师：柳杨）

岳麓山下献爱心

湖南大学附属小学三年级★刘诗琪

一次偶然的机会，我看到中国扶贫基金会爱心包裹的项目，这是一个帮助山区儿童的活动。

怎么才能赚到钱给山区的孩子买礼物呢？我决定和同学们组织一次爱心义卖活动。我的想法得到了爸爸妈妈和同学们的支持。

星期天下午，我们来到岳麓山爱晚亭。这儿游人如织，可热闹了！队员们将矿泉水、饮料、书以及一些文具整齐地摆放在地上。不一会儿，我们就引起了游客们的注意，大家里三层外三层地将我们围起来。了解到我们的用意，叔叔阿姨向我们竖起了大拇指，爷爷奶奶向我们投来了赞赏的目光。

“我买一瓶水！”

“我买一瓶饮料，给你们钱……不用找了，小朋友！”

我们忙得不可开交，满头是汗。有一位阿姨带着她的小宝宝来到了我们的义卖现场，给小宝宝选了一本故事书。她对小宝宝说：“你长大了，要像这些哥哥姐姐一样有爱心，做好事。”听到大家的赞赏与夸奖，我心里比吃了蜜还甜。

不到两个小时，我们的东西就卖光了，找了块空旷的坪地，我们开始数钱。一共 476 元，这是今天的收获，大家可高兴了！

我们带着这些爱心款来到邮局，在那儿遇上了大学生志愿者。在他们的帮助下，我们顺利地寄出了爱心款，帮助了贵州省的五位贫困山区儿童。

（指导老师：黄云）

回眸，那一墙爱的印记

大同小学六甲班★李佳熹

家里有面照片墙，上面贴满了咱们一家三口大大小小的合影。拍“全家福”已经成为家里的习惯。无论是照相当时，还是事后回味，都是一种甜蜜的享受。

照片里的老爸总是站在左边。从前，老爸也算得上一个玉树临风的帅小伙，近年来渐渐发福，跻身挺着“啤酒肚”的大叔行列。老爸是个美食家，不仅爱吃而且乐于动手做，我和老妈自然是口福不浅。无论哪种食材，只要经过老爸的巧手，总会别有一番风味。单说那看似简单的“辣椒炒肉”，老爸就做得与众不同，想想都流口水。我想，这食物再好，只有带着家的味道，才会令人百吃不厌。

老妈是家里的“女王”，每次照相，我和老爸都紧密地团结在她的周围。老爸搂着老妈的肩，我抱着老妈的脖子。眼见得这几年，老妈掉的头发多了。去年春节前，她忍痛割爱，把扎了三十年的清纯马尾辫烫成了成熟的“波浪卷”。老妈常说，陪着我长大，才发现还有好多东西值得去学习。只要一有空，她就抓紧时间看书、学英语，为我树立了好榜样。

我是家里变化最大的，墙上的我简直就是“百变男神”——那个白白嫩嫩、双眼微睁的，是刚出生的我；那个光着屁股、抓着脚丫子的，是周岁的我；那个双手叉腰、神气地站在天安门前的，是幼儿园的我；那个身高一米五、近视三百度的，是现在的我。每一张照片背后都有好多关于我的糗事，老爸老妈常念叨，我也喜欢听，每次聊起来总是一屋子欢声笑语。

墙上的“全家福”在一张张地增多，那是咱们一家人相亲相爱的印记。不经意地回眸，我才发现，它不仅记录着时光的匆匆流逝，也见证着咱们的美好生活。你说，这样一个其乐融融、幸福温馨的家，谁能不爱呢？

（指导老师：柳杨）

写作提示 Xiezuo Tishi

上述例文，展示了人们生活中各个方面的美。

《云端上的草原》《星空下的仰望》这两篇文章，写出大自然的美；《岳麓山下献爱心》展示了人的行为之美、心灵之美；《回眸，那一墙爱的印记》展示了亲情之美。

在阅读单篇作品的基础上，尝试对这一组文章进行对比阅读和综合分析——

这些文章对美的发现，有什么特点？

这些文章对美的表达，有什么特点？

联系你自己的生活，学会主动地发现美、表现美、创造美。

还有一点请留意，美的语言对于表达美的情感、美的风景，对于表现美好的人和物，也是非常重要的。

主题4

真好听

高个子女儿回到家，书包还没放好，就说："妈妈，你能够列出自己感到'真好听'的十种声音吗？"

"这个问题好像不太难啊。"矮妈妈说，"你不是喜欢听楼下小妹妹练习钢琴吗？这应该算一种。"

高个子女儿说："她以前弹的琴声好难听哦，有时还会出错。听着听着，就变得好听起来了。就像看见以前她学习走路一样，原本走得歪歪扭扭的，现在可以走得很好。现在，她的琴弹得好多了，琴声也变得动听了。"

"嗯，小妹妹练习弹琴有两年了吧？她的琴声是有变化、有进步的，琴声的变化里有练琴人的故事，也有听琴人的故事。"矮妈妈说，"我觉得你能够写出一篇不错的作文了。"

"是的，可是我还要写九种'真好听'的声音呢。"高个子女儿说，"还要从那些声音的背后，找出一个个相关的好故事。"

"对极了。不仅写声音，还要写出声音背后的好故事。"矮妈妈点头说，"你已经找到写好这组日记的方法了。"

"哎，我想一想，把能想到的好听的声音都列出来。"高个子女儿说着，找出纸和笔开始写起来——

小区里树林里的鸟叫声

班级联欢会上唐朝同学模仿蟋蟀的叫声

自己走路的脚步声

妈妈夜里写文章时敲打电脑的声音

春蚕咬桑叶的声音

班级足球赛中加油的声音

爸爸下厨时锅碗瓢盆的声音

……

“哈，列出了这么多好听的声音。”矮妈妈说。

“声音的背后，也有好听的故事哦。”高个子女儿说。

“一个好故事里，必须要有一两个好细节！”矮妈妈说。

“我努力去找好的细节，谢谢妈妈。”高个子女儿说，“你的声音也很好听。”

阅读提示 Yuedu Tishi

阅读第一遍，当然是轻松自由地读。

读完第一遍后，请拿出你的彩色笔，找一找文章里那些描写声音的句子或段落，把它们画出来。

请你想一想：这些句子或段落是如何表达作者感受到声音的，是在什么样的情境或者背景下来表达的？

是的，你要运用彩色笔，在阅读过程中学会分析和思考！

春水·童年·外婆桥

五年级★李雪晴

春姑娘加快了脚步，悄悄来到了我的家乡。

一切都苏醒了，大绿豆蚂蚱，小红色青蛙……一只只像从土里冒出来似的，到处乱跳乱叫。一切都是彩色的，草地绿得发青，桃花粉得透红；一株株绿芽从树枝上、泥土里钻了出来；就连停在垂柳枝上的蜻蜓，也是红彤彤的。

我最爱外婆家门前的那条小河。一到春天，冻结的冰块“砰”地裂开了，惊得小鱼蹦出水面，哗啦啦的。接着，水流像调皮鬼一样乱撞，撞得水里的石头咚咚响。撞痛快了，那些个调皮鬼忽地变文静了，河水静静地流淌，仿佛怕吵着我和外婆似的。

我可不像河水那样文静，大喊一声，踏进河里撒欢。水花四处飞溅，一圈圈水波拉着柳枝荡呀荡，吓得红彤彤的蜻蜓一忽儿飞走了。爸爸妈妈不太管我，任着我瞎闹。就算我的衣服湿透了，妈妈只是笑笑，继续写她的文章。爸爸也是笑笑，继续喂他的小鸭。

“摇啊摇，十五摇，过春分就是外婆桥，美啊美，阿娇阿娇轻轻叫……”又是外婆在唱这首小曲儿。外婆的声音真好听！我听呆了，自己的嘴巴也动起来。

我猛地跳上岸边，几步跨进家门，对外婆说：“外婆，快教教我这首歌！”外婆愣了一下，点了点我的脑袋，说：“傻孩子，看你全身都湿透了，还不快换衣服去！”……

小河还在，外婆家的小木屋还在，外婆家依旧春意盎然，可我的童年却一去不复返了。童年成了我美丽无穷的回忆。嗯，你们还想听那首歌？好嘛，我唱给你们听：“摇啊摇……”

琴弦上的爱

长沙市清水塘小学六年级★郑斯睿

我从四年级开始学习尤克里里，当时是班上统一学习，学了几个星期之后，六一儿童节时，我很荣幸地被选入了尤克里里表演乐队，但是表演的队伍里，只有四个同学能安装音频线连接音箱，成为主音。当时，欧阳老师按照报名先后顺序确定了前四名的同学，可是这里面没有我，我感到很遗憾，练习也少了很多动力。但是，几天后我又有了新动力，因为妈妈承诺，只要我能熟悉弹奏五首完整的曲子，就可以给我在琴上安装一个连接音箱的装置。

后来，妈妈每天下班后还会对着欧阳老师留下的教学视频自己学习，然后再一个个小节教我弹，教我唱。有一天，我和妈妈正在一起练习《小毛驴》，同学李伯颖刚好来我家里玩。等妈妈弹唱完，李伯颖惊讶地问：“你妈妈是音乐老师吗？”我回答：“不是，我妈妈是语文老师，不是音乐老师。”我突然明白了，妈妈为什么要跟着我学习尤克里里呢？是因为她想让我学得更快、更好、更有动力，尤其是当我遇到困难时，她在家就可以辅导我。

半年过去了，《小毛驴》《花房姑娘》《童年》《成都》《真心英雄》我居然都会弹了。有一天，我放学回家，一进家门就发现了一把新的尤克里里，它连着一根音频线闪闪地在沙发上等待着我，我高兴得跳了起来，楼板都被我跺响了。我小心翼翼地拨动着每一根琴弦，仿佛听到了流水潺潺；我狠狠地弹出一组和弦，仿佛听到了松涛阵阵……

为什么这么好听呢？因为，每一根琴弦上都有妈妈对我的爱。

我的音乐之旅

长沙市天心区天鸿小学五年级★邓芷晗

我说话的声音清脆响亮，有着不错的声线。但我胆小，总是一次次与展示歌喉的机会擦肩而过。在爸爸妈妈的鼓励下，我勇敢地走出来，跟老师学着唱歌，亮出了自己的声音。

幸运的是，我遇到的每一位老师都非常专业，教学态度非常严谨。在他们的帮助下，我从一个压根不懂什么叫气息、练声的小懵懂，慢慢地学会了一些唱歌的方法和窍门，掌握了歌唱的正确技巧，唱出了高亢动听的歌声。

随着学唱歌的同学越来越多，学校瞅准时机成立了"小鸿雁"合唱团，我也光荣地成为合唱团的一员。在老师们的引导和鼓励下，我们越唱越好。

"一分耕耘，一分收获"，我们"小鸿雁"合唱团开始在长沙市的各级音乐比赛中崭露头角。获得了这些荣誉，小伙伴们一个个信心百倍，"唱"劲十足。

我还记得那次参加比赛时的场景——舞台上闪烁灼人的灯光，现场凝神屏息的气氛，光彩照人地在舞台前方为合唱团指挥的范老师，优雅端庄为我们弹琴伴奏的钢琴老师，演唱完毕时现场响起的热烈掌声，领奖台上那象征着荣誉和收获的奖状……

我们这一段时间的努力，在这一刻得到了回报。我们满足又开心。荣誉就是对我们辛苦练习的奖励。

音乐的魔力让我变得越来越快乐与自信，我会用努力与汗水让自己的音乐之旅不断增添新的精彩与惊喜。

听，海的声音

大同小学六年级★ 熊锦荟

听！它夹杂着咸咸的气息，伴随着凉凉的海风，势不可当地冲来了！那是海在吟咏，是海在歌唱，是海在欢笑！

远处，海天一色，又是哪只淘气的海鸟，叼来洁白的云朵放在海面上？像白色的分界线，把那片海与那片天分得清清楚楚。

正是在分界线所在的那片海，一片浅浅的蓝色涌起，漫过低低的云朵，向沙滩涌来。浪头那么大，却听不见什么声音，像千里之外的闷雷，又像是大海的鼾声，不怎么响亮，却深邃沉闷。

不知浪头撞上了什么，一下子就开出来洁白的花朵，多么雄伟，多么壮观！只听见千军万马狂奔而至，所向披靡；又像一个调皮的小孩，那么迫不及待地奔跑着、跳跃着，发出哗哗的笑声。突然，浪花撞上了岩石，声音变小了，安分了，不吵不闹了，只是小声地笑着。“沙沙沙”，如银铃一般。正听得欢，猝不及防，我被浪花打了个正着，尝了一大口“海的味道”。

几只与我一样被水打中的鸟儿，翅膀拍打着水面，发出“啪啪啪”的声音，快乐嬉戏。几只海燕站到石头上，唱着一支支动听的歌儿，仿佛在倾吐着浴后的欢悦。

沙滩上，几只不知名的小螺，吐出呛到的海水，水花打在贝壳上，发出滴答滴答的声音，简直是一首美妙的小夜曲。

夜深了，涨潮了，一声比一声猛烈，那是马儿在奔腾。海上的月那样大，那样圆，正如张子寿那句“海上生明月，天涯共此时”。

你听，那海的声音……

（指导老师：柳杨）

从《猜民谣》开始

长沙市天心区天鸿小学四年级★黄语涵

在小鸿雁合唱团，我学会了很多声乐知识，对音乐有了新的认识。

报名加入合唱团，要先参加面试。

面试时，范老师说：“为了分声部，请唱一首歌吧。”

我紧张地唱了首《猜民谣》。本以为她会笑我，她却给了我掌声，还说：“假如你用上唱歌的方法就更好了。”

“什么是方法？”我很好奇。

范老师说：“就是抬起眉毛，抬起笑肌，这样唱，声音更好听。”

她给我做了示范。于是我又用她的方法再唱了一遍，果然好听多了。

范老师笑着鼓励我：“唱得真不错！真不错！”我信心大增。

接下来的日子里，我每个星期都要去参加合唱排练，与合唱团有了不解之缘。

刚进合唱团的时候，一些歌对我来说要唱出来是相当有难度的。排练了很多次，我还是不能唱好。合唱团里的大同学就会在课余时间教我唱歌，一字一句唱给我听。有时，一句歌词要教我唱好几次。我唱的一点点跑调他们都能听出来。他们会一直教到我唱会了为止。

有时候，排练得多了，我也会闹一闹情绪，但是再辛苦，我还是坚持下来了。

“功夫不负有心人”，我们的努力为自己赢得了许多荣誉。更重要的是，在一次次排练和演出中，我变得越来越自信，越来越快乐。

写作提示 Xiezuo Tishi

写景的文章，请尝试写出大自然美妙的声音；写人的文章，当然可以写出有特点的声音；写唱歌、写音乐，更要用心写出声音的美。

从观察和体验出发，尝试发现生活中那些美妙的声音。这样，你写的作文也会变得更加多姿多彩、生动美妙。

主题5

真新鲜

高个子女儿说："妈妈，老师说，一篇文章最重要的一点是内容新鲜。这个是不是很难？"

"这是我每天要做到的一点。"矮妈妈说，"这是妈妈买菜的标准，新鲜太重要了。"

"蔬菜是否新鲜，眼睛看得见；可是，文章的内容是不是新鲜，怎么知道呢？"

"建议你留意班上的新鲜事、家里的新鲜事。"矮妈妈说。

"这个建议不错。"高个子女儿在笔记本上写出一行行字——

爸爸从江西出差回来，买回一个漂亮的瓷器。

妈妈减肥行动实施半月，胃口更好了。

于草儿同学背旧书包上学，把新书包捐给贫困山村的小学生。

邹亮和刘小牛同学在踢球时发生了冲突，挨了老师的批评。

……

矮妈妈说："你列出来的这些事情，是新发生的事情。尽量写新发生的事情，只是让文章内容做到新鲜的第一步。"

"妈妈，还有第二步吗？"高个子女儿问。

"当然，你看有些新发生的事情，其实并不新鲜。"矮妈妈笑起来，"比如，某人减肥行动实施半个月，胃口更好了。这在我们家早已不新鲜了，在别人家里也经常发生。”

“是的，你说的第二步是什么？”高个子女儿急急地问。

“你对一件事情有新的观察、新的理解和感悟，更能保证文章内容的新鲜。”矮妈妈说。

“哎，我想一想。”高个子女儿说，“比方看待减肥，瘦一点是为了美；可是换一个角度看，胃口好也不错，是健康的表现啊。这样的理解是不是比较不一样？不一样就有点新鲜了吧。”

“哈，‘不一样就有点新鲜了’，这句话说得挺好。”矮妈妈说。

“妈妈，做到内容新鲜，是不是还有第三步？”高个子女儿问。

“当然啊！就是要培养和提高你的发现能力！”矮妈妈说，“具体的做法，如《发现作文·风靡版》这本书里说的：如果你觉得自己找不到新鲜的材料，那就自己主动去做一件有创意的美好事情。”

“哈，动手动脑，探索发现，内容就会更新鲜！”高个子女儿说。

阅读提示 Yuedu Tishi

将下面几篇作文读过一遍后，你一定会觉得，它们的内容新鲜又有趣。

你应该思考一个问题：这些新鲜又有趣的内容是从哪里来的呢？

请你拿出彩色笔，画出你感觉新鲜的段落或者句子。

这样做也许有助于你探索出问题的答案。

小松鼠，你在那边还好吗？

江西省婺源县溪头乡中心小学五年级★俞梦娇

我家门前有一条小溪，小溪边有一棵大樟树，无论春夏都枝繁叶茂。不知从何时起，樟树的枝叶从小溪这边伸到了那边，在空中搭起了“一座桥”。在这座桥上，我常看到一两只小松鼠从上面跃过。它们总跑得那么轻盈，还时常在树间相互追逐打闹，我因此也常被它们给迷住了。有时它们还跑到树底下，甚至跑到我家院子里来找食物。所以，每次吃东西时，我都会趁妈妈不注意，偷偷地往地上扔一些。每天放学回家，在树间去寻找它们，也成了我那时最重要的事情。

今年五月的一天，我刚放学回家，看见一个陌生人正搭着梯子，从大樟树上下来。只见他手中提着一个铁笼，一只小松鼠正在里面焦急地乱窜。我连忙上去拦住了叔叔：“你抓它们干什么？我们要保护小动物！”这时爸爸从屋里走出来对我说，这位叔叔是县林业局的工作人员，因为在我们家门前的这片林子里有一种国家一级保护鸟——黄喉噪鹛，为了不让松鼠在鸟儿繁殖的季节偷吃鸟蛋，县林业局才专门派人来捕捉松鼠，并将捕捉到的松鼠放到县植物园去。看着叔叔带着小松鼠渐渐地走远了，我扑到爸爸怀里“哇”地哭了。

如今，每次放学回家，我都还会去看那枝繁叶茂的大樟树，可心中再也没有那种兴奋的感觉，总觉得心里空落落的，像是少了什么。现在是冬天了，我不禁又想起我的朋友——小松鼠，你在那边还好吗？

（指导老师：程梅女）

茶水能止血

湖南省湘乡市东方红小学四年级★曾泓钢

有一次，我在削土豆时，不小心割到了手，鲜血一下子涌了出来。我吓了一跳。慌乱中，我把受伤的手指伸进了茶几上的茶杯，想洗掉手上的血。

没想到，一会儿工夫，血止住了，伤口也没那么痛了。我以为是心理作用，没有把它当一回事。

几星期后，粗心的我在阳台上摔了一下，手心出了一点血。我抱着试试看的心理，又一次将手放在茶水里，没想到，过了一会，血又止住了。我百思不得其解。于是就去问妈妈，妈妈也不太清楚。

后来，我从书里了解到，原来茶叶中含有大量氨茶碱，它能暂时麻醉神经末梢，使人体局部的痛觉神经出现短时休眠，感觉不到痛苦。氨茶碱能杀菌，防止伤口感染，促进肌肉生长，加快伤口愈合。

如果茶水是冷的，还会让伤口的毛细血管紧张收缩，起到封闭伤口的作用，血就止住了。

别小看一杯茶哦，原来它还有这样的妙用呢。

（指导老师：曾小专）

蜘蛛吃网

广东省佛冈县振兴小学三年级★刘子旋

我家厨房的一个角落有一张蜘蛛网，这张网的主人是一只黑蜘蛛。

别看蜘蛛个头小，它只要一会儿工夫，就能织出一张精致的网。这张网能帮助它捕捉飞虫。

一天中午，我来到厨房，看见蜘蛛在网上不停地来回爬动。渐渐地，我发现网变小了，更小了。哎哟！原来它在吃自己的网。嘿，这真是奇怪啊！我只见过蜘蛛织网，蜘蛛吃网还是第一次看见呢！

蜘蛛快把网吃完时，突然停住，不再吃了。

爸爸走了过来，问："小调皮，看什么呢？"

"看蜘蛛吃网。"我回答。

"爸爸，蜘蛛为什么要吃网？"

爸爸说："蜘蛛网上有黏液，时间长了，黏液干了，就粘不住小虫了。因此要把这些丝吃进去，再吐出有黏液的丝。"

"为什么有的网它不吃呢？"

"因为这些网上还有黏液，所以它不吃。"

爸爸的话，解开了我心中的疑团。

（指导老师：郑国远）

蚂蚁也会游泳

福建省长汀县实验小学三年(6)班★陈远铭

夏日炎炎，我和伙伴们在小河边玩耍嬉戏。忽然，手臂上传来一阵酥痒的感觉，我低头一看，一只小蚂蚁在我的胳膊上爬来爬去。我用力一甩胳膊，把小蚂蚁甩进了河里。

看着小蚂蚁在水里挣扎，我幸灾乐祸地想：谁叫你哪里不爬，偏在我身上爬呢！可又转念一想：蚂蚁好歹是一条生命呀，再说它也没有伤害我什么，我怎么能这样要它的命呢？正当我后悔之时——

蚂蚁在水中像一名勇敢的救生员一样，只见它后脚用力地蹬着水，两只前脚划破水面拼命地向岸边游来。它的两只触角像螺旋桨一样旋转着，有时快有时慢。结果，没过一会儿，这只小蚂蚁居然游上岸了。看着这惊人的一幕，我惊呆了：没想到蚂蚁也会游泳。

为了证实我刚才的见闻不假，于是，我又找来了一只蚂蚁决定再试一次。这一次我观察得更细致了。我把抓来的蚂蚁像刚才那样扔到了水里。这一次，我更清楚地看到：蚂蚁的两只后腿依然是很用力地蹬着水，有的时候还会溅起小小的水花。它的前腿在不断地划动着水面，它头上的触角依旧像螺旋桨一样拨动水面，划出一圈圈好看的水纹。就这样，蚂蚁又爬上了岸，保住了自己的一条小命。

没想到一只小小的蚂蚁竟然有如此神奇的力量！

（指导老师：江树林）

最好明晚还停电

河南省偃师市首阳山镇南蔡庄小学★陈洁

“停电了！”我欣喜地放下手中的笔。

一切都陷入暂时的黑暗中——堆积如山的书本，写不完的作业……

我在客厅里点燃了一支蜡烛。这时，爸爸从屋里摸索着走了出来，嘟囔着：“唉！文章刚开头就没电了！”妈妈也过来了。我高兴极了：“来来来，爸、妈，咱们开个烛光晚会怎么样？”烛光摇曳着，映照着爸妈亲切而模糊的脸。

我滔滔不绝地讲述着那些发生在学校的新鲜事，爸妈慈爱地望着我，仿佛在说："女儿长大了，她懂得更多了，也更爱思考了……"

烛光也欢快地跳动着。

爸爸讲述着家乡那弯弯的拱桥，儿时见到的野鸡和听到的古老的童谣。妈妈也回忆着童年，夏天去池塘游泳的欢快，还有边看露天电影边吃冰棍的幸福……

摇曳的烛光中，我依偎在妈妈的怀抱里，紧紧拉住爸爸。今天晚上，一切都那么美好，我仿佛长出了一对翅膀，在时空隧道中飞呀飞……

突然——灯亮了！

"陈洁，快写作业了！"爸爸看书去了，妈妈又开始织毛衣了，我呆呆地独自坐着。唉，自打上学开始，天天都是背书、写作业，好不容易遇上这样一个快乐的时刻，可它却如此短暂……

望着灯光下摇曳的烛光，我真不忍心吹灭它，是它，给我带来了片刻的欢乐和幸福。我心里暗暗期盼：最好明晚还停电，或者天天都停上一小会儿！

（指导老师：吉朝霞）

写作提示 Xiezuo Tishi

这些作文的题目，透露出每一篇作文的内容有着新鲜和特别之处。

《小松鼠，你在那边还好吗？》的小作者抓住了生活中一个新的情况，观察到一个新故事。

《茶水能止血》的小作者留意到生活中的一个细节，有了新的疑问，进行深入探索，对这个生活细节有了新的理解。

《蜘蛛吃网》和《蚂蚁也会游泳》的小作者观察到了一个新的现象，并且进一步去探索。

《最好明晚还停电》的小作者抓住了生活中一个异常情况，并且结合自己的新感受和新体验，写出了全新的内容。

这些作文能够给予你这样的启发：要让文章写出新鲜的内容，就要在生活中抓住新疑问，尝试新观察，并且进一步去进行新探索。

主题6 *

真好玩

高个子女儿说："妈妈，你觉得有什么事情是'真好玩'的？"

"好玩的事情可不少啊。"矮妈妈说，"比方说，我在厨房里鼓鼓捣捣，做出了美滋滋的饭菜，烤出了香喷喷的食物。要是没有一种好玩的感觉，能天天在厨房里鼓捣吗？"

高个子女儿拍手说："说得不错，请继续。"

"嗯，我每天要去公园，一路走走停停，就是有许多好玩的事情。"矮妈妈说，"比方说，我会去观察蚂蚁，去看昨天见到的一个花蕾，今天已经盛开了。"

"你有时候去书店，是不是也觉得好玩？"

"对呀，在书店里翻一翻书，精挑细选，找到一两本特别想要的书买下来，真是好玩又有收获。"矮妈妈说。

"哈，好玩又有收获！我也有许多这样的事情。"高个子女儿说着，找出纸和笔开始写起来——

跳绳

滑滑板

练习书法

养蚕

画画

全家人去看电影、郊游……

“哈，列出这么多好玩的事情啊。”矮妈妈说，“做好玩的事情，是培养自己的兴趣和爱好，做一个有情趣的人，生活多姿多彩的人，内心丰富的人。”

“妈妈，好玩的事情，不一定能找到好故事。”高个子女儿皱着眉头说。

“那是你想得还不够细致，”矮妈妈说，“你觉得真正好玩的事情，肯定是有好故事的，你要用心用脑，抓住感觉特别好的那一次经历。”

“我努力去抓一抓……”高个子女儿陷入沉思。

阅读提示 Yuedu Tishi

读完一篇文章之后，请你静下来想一想：这篇文章写了什么好玩的事？好玩的点是什么？

拿出你的彩色笔，把写好玩的事儿那些段落画出来。

重新阅读你画出来的段落，想一想作者是如何写得好玩。

想一想，画一画，又想一想，你的收获就更多了。这当然是一定的！

寻找自己的树

六年级★曹予凡

夏至刚过，我们来到了桃花岭。

一到这儿，我就闻到了一股沁人心脾的花香，嗯，真迷人。太阳照在我的脸上，暖洋洋的，像有人抚摸着我的心，让我感受到了温暖。

我们沿着河流慢慢地走，享受着这里的美景。到了一片绿油油的草地，邓老师说出了这次出游的任务，让小伙伴结成对子，然后分别蒙上眼睛，互换着牵引对方去寻找一棵陌生的树，用除了视觉外的所有感觉去记住这棵树的特征，然后离开这棵树并摘下眼罩，凭先前自己感觉到的特征，在这桃花岭的万千棵树中找到它。

当我蒙上眼睛的那一刻，我感觉到了海伦·凯勒在失去视觉初始的那种绝望感。周围全是黑暗的，我像是困在笼子中的一只小兽，好像一动弹就会被无边的黑暗所吞没。我很不喜欢这种感觉，但我必须按要求完成任务。

曹子衿牵引着我出发了，我很忐忑，在这种黑暗里，每个人都很难彻底地相信别人，因为你什么都看不见，如果有个人把你推向万丈深渊……我本能地小心翼翼地走着。

我来到一棵树旁，拘谨地碰了一下这棵树，有一种想要马上逃离的感觉，但我又必须按要求完成任务，于是凑近这棵树深深地吸了口气，静静地闻这棵树的气味，有一股清香，这种清香让我安定下来。我开始去抚摸它的树皮，它的表皮并不粗糙，滑滑的，手感不错，我的手继续往下摸，下面有一个大树杈，于是我爬了上去，摘了一片树叶，这树叶精致的纹理让我很惊奇，树叶散发的清香让我陶醉，我咬了一口，有一股涩涩的味道。

我在同伴的牵引下离开了这棵树，当我摘下眼罩重见阳光时，我就迫不及待地想找到这棵树，凭我刚才的触觉、嗅觉和味觉，我很快就找到了它。这一刻，我用视觉更直观地看到了它的全貌和特征。

一生二，二生三，三生万物。而万物之根在"心"，眼只不过是造物主给我们的一扇小窗，就算窗户关上了，我们还可以用"心"去感受和体会世间万物，只要你的"心"是明亮的，你的世界就不会有黑暗。

种油菜

湖南省平江县长寿镇中心小学四年级★刘伊腾

星期六，阳光明媚，我乐滋滋地跟在爷爷的后面去种油菜。

爷爷选了一块肥沃的土地用来种油菜。爷爷告诉我，种油菜要先挖一个坑，这个坑要不深不浅，不大不小。同时坑的旁边还不能有太多石头和杂草，否则油菜的根很难吸收水分和营养，会干扰油菜的正常生长。

然后，爷爷又细心地交代我，在挑选秧苗时千万要注意，油菜秧苗的尾端一定要留有"胡子"才算好苗子。

我把挑选好的油菜秧苗一一放入坑里，一个坑放一到两根秧苗，然后挖一点松散的泥土堆在秧苗旁边。泥土也不能盖得太厚，盖得太厚油菜就很难长出来。选秧苗的时候，我注意不去选择太小的油菜秧苗。如果秧苗太小了，就经受不起风吹日晒。粗壮点的秧苗会生长得更加旺盛。

最后，再给它们浇一点点水，油菜就种好了。

爷爷说，过几天还要来给它们施肥。

看着自己亲手种的油菜，我很开心。一想起明年这里会开出一片黄澄澄的油菜花，我心里就甜滋滋的。劳动挺辛苦，但也很快乐！

我是一只蝉

科大附小六年级★赵铠凡

从前，有这样一则寓言：在冬季一个寒冷的夜晚，奔波了一天的音乐家蝉去蚂蚁家讨饭吃，可蚂蚁太太恶狠狠地说“你自己秋天不存食物，现在倒来我家讨饭吃，走开！没饭给你吃！”其实，这个故事纯属虚构，完全是瞎编乱造，把我给气个半死，我们蝉的一天是这样的。

夏天，酷热难耐，小水洼的水都烧开了，许多昆虫都倒地渴死。不过，我可没事，因为我有我的秘密武器——一根吸管状的东西，它可以直直地刺穿树皮，把树汁吸进我的嘴里。啊！甘甜、清凉、解渴，树汁源源不断地向我涌来，再加上醉人的香气，让我食欲倍增。“上！”树汁的香气引来了一群不速之客——蚂蚁！他们拉帮结伙，成群结队，密密麻麻的蚂蚁大军疯狂地向我冲来。我为之一惊，他们从我的身旁，背上，翅上腹下挤来，争抢着喝树汁，丝毫不在意我的感受。算了，我大度，同意共享，可这时他们却把矛头对准了我，爬上我的身子想赶走我，气死我了！我扇动强风，可他们全然不惧，我只好拍拍翅膀不甘心地飞走了。所以说不是我们蝉不去寻找食物，而是他们蚂蚁抢走了我们的食物！我请求各位为我们蝉平反！

你知道吗？我们蝉一个个可都是贝多芬，主要原因是——我们也是聋子！

我晃晃悠悠地飞了一下午，天色渐渐暗了，我飞到一块大石头上躺下，用我的五只眼睛观察四周，确认没有危险后，预备——起！

知了，知了，知了……

淘宝义卖

周号翎

我们的淘宝义卖终于开始了。这次义卖的主题是环保，所以不允许带吃的，因为每次只要有吃的东西都会造成满地的垃圾。唉，其实不能带吃的，大家就少了很多商机。那用什么才能吸引大家关注呢？

活动现场真是人山人海、热闹非凡，有吆喝叫卖的小老板，有摆地摊的小商贩，还有流动售卖的游击队；有玩具、有书本、有文具，还有各种各样的小商品，真是琳琅满目、应有尽有……有的同学竟然还挂出了大幅的海报吸引小顾客，不少同学在讨价还价，真是五花八门，看得我眼花缭乱。

我们拿出了我们组的王牌——李乐天的 3D VR 眼镜（3D 体验器）。我坐在椅子上等人来观看。但是，半个小时过去了，门可罗雀，仍然没有一个人过来。我想了一个办法，决定由我来当“托”，引发顾客的好奇心。说干就干，我立即进入角色，戴上眼镜，嘴里还不时地发出“哇哇”的声音。这招果然灵，一分钟不到，就吸引了一个小顾客：“这是什么东西？”我摘下 3D VR 眼镜，向他介绍这个东西的奇妙功能。

“给，5 元，我玩丛林过山车！”这是我们的第一个顾客。

万事开头难，陆陆续续就有同学来排队了，我们趁机推销我们的各类小产品……

我的同桌“感化”我

六年级★何闺臣

唐兆元对数学的热爱非寻常人可比，我曾一度被他“感化”。在那之前，我对数学一向不太喜爱，每每上课都昏昏欲睡。

有一次上数学课，大部分同学因为一道难题困惑不已。忽然，我的这位好同桌一下蹿了起来，大喊一声：“我知道了！”吓得我差点也跳了起来。

唐兆元仿佛一个人生赢家，兴致勃勃地讲起了题来：“想要知道结果，我们先要找到单位‘1’。有同学知道怎么求吗？”

这句话一下子点醒了我这“梦中人”，我也高高举起了自己的手。

唐兆元抚着下巴，一副深思熟虑的模样，看着举手的众人，思量了片刻，最终选择了我。

我有些害怕自己的答案不正确，于是用连自己也听不清的声音说出了答案。唐兆元故意做出侧耳倾听的模样，一本正经地对我说：“你的声音小得连蚊子都不如。”我被他的话逗乐了，大声说道：“单位‘1’未知用除法！”他这才满意了，叫我坐下。

说来也怪，这次之后，不知我是不是被唐兆元施了魔法，竟然觉得数学不再枯燥了，反倒是饶有趣味地听着每一个细节，心底那颗热爱数学的种子，正在慢慢发芽。

不仅如此，每当我有数学问题时，他总是热心地帮我，不是丢下一个答案就罢了，而是细心地讲解，包括解题思路、类似题型，直到我彻底理解那道题，且能独立完成，他才停止“授课”。

说句实话，有一个幽默的学霸同桌，真是一件幸运的事。

写作提示 Xiezuo Tishi

从题材来看,《寻找自己的树》写一次有趣的游戏;《种油菜》写一次劳动经历;《淘宝义卖》写自己参与的一次活动;《我的同桌“感化”我》写一个有趣的人,一个会学习的人。《我是一只蝉》超越了题材内容,作者用好玩的方式、好玩的语言,把一个并不特别好玩的内容写得好玩又有趣。这样的写法带给我们的是另一种特别的启示。

其实,我们的生活中充满了有趣好玩的事情。捕捉和发现生活中有趣、好玩的事和人,也是需要学习的。

学会观察和体味生活中那些好玩有趣的人和事,学会把自己的观察和发现写出来,我们的作文训练会多一些乐趣和动力。

主题7 *

我能行

“兔子班”的同学们在讨论“我能行”这个主题的写作时，气氛特别活跃。

祁好好同学说：“这个太容易了。吃饭，我能行！”

刘小牛同学说：“是的，是的。睡觉，我能行！”

“你们都没说到点子上。”尚可欣同学说，“我觉得‘我能行’，是鼓励自己做一点有挑战性的事情，你做到了，才可以说这句话。”

于草儿同学说：“尚可欣的话，我赞成！”

宁丁丁同学说：“我的感觉是，‘我能行’这句话能给我们特别的自信和鼓励，不是吃饭睡觉这么简单的。”

张飞飞同学说：“去做一点带有挑战性的事情，做到‘我能行’，才有意思呢。”

“《发现作文·风靡版》里说，希望小学生成为小行动者、小探索者、小思考者、小创造者，要写出有行动力、有探索体验、有创造力的作文。”邹亮同学说，“所以，我们要做的重点是‘敏于行动，我能行；勇于探索，我能行；尝试创造，我能行’！”

莫明同学说：“哈哈，祁好好和刘小牛是吃饭睡觉我能行！”

“我故意乱说的！”祁好好说，“我是最能行动的人。我有好多行动故事哦。”

“我想让大家开心一笑。”刘小牛说，“我要写自己的好故事，让你们大吃一惊。”

白老师说：“你们已经体会到，‘我能行’是要鼓励自己敢于挑战，敢于吃苦耐劳，敢于探索。我希望你们写出自己动手动脑的好故事，从自己的身上，发展优点，发现潜力，树立信心。”

“我们以前写作文，只想到写过去了的事情，”宁丁丁同学说，“《发现作文·风靡版》鼓励我们去做有创意、有挑战的事情，然后写出更棒的作文。”

“哈，以前是写‘已知’，《发现作文·风靡版》教我们写‘新知’。”张飞飞说，“写‘新知’‘新体验’‘新创造’，你们能行吗？”

“我们能行！”

阅读提示 Yuedu Tishi

“我能行！”是一种内在的自信，应该用事实说话。

培养自信的品质，应当从小培养自己做有行动力的人。

“我能行！”这句话的背后，一定会有精彩的故事。

请你拿出彩色笔，找一找作者如何写出自己精彩的故事，找一找作者在行动中有哪些内心的感受、行为的细节。

请用不同的颜色将上述内容画出来。

做寿司

长沙市铜铺街小学五年级★张雅蓉

我们绿色食物调查与研究小组的成员们要举办美食节。我最爱吃寿司了，决定为美食节做一份寿司。

妈妈和姐姐陪我去超市购买做寿司的材料。一进超市我就直奔卖寿司的柜台，买好了海苔、小小的竹帘、火腿肠、蟹柳棒、玉米粒、培根，等等。

回到家，我们煮好一锅香喷喷的米饭，把玉米粒、蟹柳棒等食材都煮熟，然后开始做寿司了。

我们在煮好的香喷喷的米饭里加了少许的寿司醋，搅拌均匀。在专门用来包寿司的小竹帘上铺好海苔，然后将拌好寿司醋的米饭均匀地铺在海苔上，再把玉米粒、培根、火腿肠等铺在米饭上。好了，从一头捏起海苔，像卷蛋卷一样卷起来，横着切成小段小段的就可以了。

最开始，我怎么也卷不紧，费了好大力气才做好一个寿司卷。妈妈和姐姐也给我帮忙。

第二天，我带着一大盒寿司前往学校参加我们的美食节，同学们都好喜欢。与人分享自己的劳动果实真快乐！

刻版画

湖南省凤凰县箭道坪小学五年级★龙玥

我第一次看到版画就被迷住了。

创作版画比我想象中的要更难一些，更麻烦一些。刻刀在木板上“行走”的时候，容易伤到手。我被割破过手，还好伤得不严重，用冷水冲冲就没那么疼了。

我喜欢版画，不怕困难。

我创作过一幅版画——《爬刀梯》。

这是我去看望外婆时看到的情景。外婆家住在大山中的一个苗寨里。那天正好是四八姑娘节，苗寨里举行庆祝活动。

外婆家所在的苗寨在大山的山腰上。村外就是梯田和树林。通往外婆家的路非常美，两旁都是山。走在山路上，就像是走在一幅画里，我的心情特别好。

在外婆家有很多有趣的事情等着我。我跟着外婆去菜园里，去田野里，走进大山深处。我很喜欢摘玉米，玉米的颜色特别漂亮，味道也特别好。尤其是刚摘下的玉米，掰下玉米粒丢进嘴里，哇——很甜、很清新的味道。

和大地亲近，能帮助我产生对美的感受力。

四八姑娘节的时候，整个村寨都沸腾起来了。人们聚集在寨子中央的平地上。平地边上有大树，有泥土建造的房子。

爬刀梯这个项目开始的时候，人们已经里三层外三层地围了好几层。

刀梯下有火堆。刀梯上的刀子在阳光下闪亮。一个伯伯爬上梯子，熙攘的人群顿时鸦雀无声。他的皮肤比较黑，包着彩色的头巾，穿着红色镶黑边的衣服，系着彩色腰带。在绿树环绕的群山中，在沉寂、稳重的村寨里，他爬上刀梯，自信而明亮，人们大声欢呼起来。

下了刀梯，他又从火堆中走过。人群在惊叹。他给我们看他的手和脚，一点也没受伤，真是神奇啊！

大山里总是有很多奇特的事情，有很多神奇的、好的力量，可以保护人们不受伤害。

除了爬刀梯，节日里，姑娘们还会跳花——在按节奏敲打的竹竿中跳来跳去，欢快而轻盈。

在大山里，在我们的民间传统文化中，有一些很独特、很有感染力的细节。找到这些细节，就能创作出迷人的作品。

我喜欢外婆家，喜欢那些苗族村寨，喜欢我们的大山。我想把这些喜欢都记录下来，刻画出来，让更多的人去了解。

版画比一般的画，颜色更简单，却更简洁、有力量。我喜欢版画，它是我表达喜爱和情绪的一种方式。

种玉米

湖南省龙山县华塘小学六年级★向晓迪

“布谷、布谷！”在布谷鸟的声声催促中，家乡的人们忙开了。每年三四月份，是家家户户种玉米的时候，我家也不例外。

“晓迪！”清晨，我还在酣睡中，就被奶奶叫醒了。

“我们苗圃的玉米苗长大了，今天我们去移栽玉米苗吧！”奶奶说。

移栽玉米苗？我揉揉惺忪的双眼，一骨碌从床上爬起来，跟着奶奶往玉米地里走。

我和奶奶挖了满满一篮子玉米苗，提到要种的地里。

我以为种玉米苗像种辣椒一样，将苗儿栽到土里就好了。

我刚栽完一摞，奶奶就制止我：“玉米苗不是这样种的。你得把肥料和泥土拌均匀，浇上水，像和面一样把泥和好，把泥捏成圆团，将玉米苗栽在圆团里，再将带着圆团的玉米苗栽到地里。这样种的玉米苗才会长得又快又好。”

“知道喽！”

奶奶刚说完，我就照着她教给我的方法实践起来。我把泥和好，抓了一大把泥捏啊捏。泥像泥鳅一样，从我手指缝里溜出来了，怎么也成不了泥团。

奶奶在一旁看得哈哈大笑，她说：“晓迪，泥里的水太多了！”

我加了一点干泥和肥料进去，搅拌均匀。我终于成功地把泥土捏成了圆团。

奶奶在地里挖好窝子，我把栽有玉米苗的泥团放进去，填好土，浇上水，玉米苗儿就安安稳稳地站在大地上啦。

在地里忙了一天，感觉很累，但一想到粗粗的玉米棒子挂在玉米秆上的情景，我的心里甜滋滋的。

（指导老师：张开武）

哭着笑着一路走来

西安市高新一小六年级★程楚尧

“现在，练习书法已经成为我的习惯，在这黑色墨宝的勾勒下，或遒劲，或美丽，或刚强，或柔和的书法线条就展现在了我的面前。闻着这墨香，看着这美丽的汉字，我内心充满了坚毅的力量……”此刻的我，正作为中日书法展获奖代表发言。我心里真是有着说不出的激动与自豪。

但是低年级时，我写的字却像黝黑、密密麻麻的虫子，令我颇为苦恼。我们查老师的板书非常美丽、整洁，所有的同学都渴望和她一样书写漂亮，转眼两年过去，同学们都在不断地进步着，唯独我，急得焦头烂额，可就是写不出让人满意的书法作品。

我向妈妈求助，很快就找出了问题——错误的握笔姿势就是罪魁祸首！

我们全家都开始重视这个问题。我在网上认真观看正确握笔姿势的视频，每天几十遍地看，一次又一次地模仿；爸爸买来了矫正桌椅，把我“绑”在椅子上；妈妈也压着我的右胳膊，强迫我保持正确的握笔姿势，好疼啊……我哭了。在这之后，我开始了每天晚上在隐隐的疼痛中写作业的悲惨生活。在这些日子里，我恐惧，我挣扎，我哭泣……我惊讶于这黑暗的日子竟过得如此缓慢，我沮丧而又仇恨地盯着我的手，我怀疑我可能要一辈子保持错误的握笔姿势了……但是，我相信总有一天我的胜利时刻将会到来……在三个月过后的一天，在写作业时，无意间带着沮丧的目光看着我“可憎”的右手时，我惊讶地发现，这竟然是正确的握笔姿势！我的希望就像一棵嫩笋，迎来了第一场属于自己的春雨……

之后，我跟着陕西省书法协会的高继承老师一起学习书法。他提倡“双笔教学”，也就是钢笔和毛笔一起学，阴阳共融，刚柔相济；而且，在练字的同时，高老师也要求我们要懂礼仪、懂谦让。学习临帖，不仅是临书法大师们的字，更是学习他们的精神。

现在，在中日书法展上，我自信地发表感言。联想到我的过去，我竟有些惊讶了——我这个有些自卑的女生，是哭着，笑着，怀揣着巨大而美好的梦想一路走来的。

写作提示 Xiezuo Tishi

这一组作文，小作者都写出了自己的精彩故事。

《做寿司》是一位小学生在厨房的行动故事。

《刻版画》是一位小艺术家的创作体验。

《种玉米》是一位乡村伙伴的劳动故事。

《哭着笑着一路走来》是小作者在学习书法过程中的自我成长故事。

我希望同学们乐于挑战，勇于探索，敏于行动，不断地创造出自己的精彩故事。那么，你在这些行动中得到的进步，不仅仅是获得生动新鲜的作文素材，更是能让自己的内心变得更自信，让成长变得更美好、更有质量。

主题 8 *

你真棒

高个子女儿说："妈妈，从今天开始，我要写一组'你真棒'的作文。我要把我的同学都好好表扬一下，哈，要不要我在作文里也表扬你一下？"

"你想怎么表扬我？"矮妈妈好奇地问，"我希望你的表扬比较高级。"

"你要高级的表扬，我就要好好想一想了。"高个子女儿说，"起码，我的文章里不出现一个'爱'字，却会写出你很爱我，我也很爱你。"

"哈哈，你的想法不错。可是你已经把这个字说来说去了。"矮妈妈说。

"我只写你的一个故事，故事里有两三个细节。"高个子女儿充满信心地说，"去年搬到新家以后，我离学校更远了，你是要我转学的。可是我不愿意离开我的学校和班上的好朋友，坚持不转学，你和爸爸都支持我。我没有想到，每天我上学的时候，你在后面悄悄跟着，看我安全过了马路，上了公交车，才放心。你跟了我好几天呢！"

"哈哈，被你发觉了。"矮妈妈笑起来，"这是一个很棒的故事！"

"找出了这样很棒的故事，我要写出一篇很高级的作文！"高个子女儿说。

"我相信，你肯定能写好。"矮妈妈说，"'你真棒'这个主题的写作，是希望你们留意观察身边的人，去发现别人的优点，看到他人的长处，并且乐于为他人喝彩鼓劲。"

"是啊，发现别人的优点，对自己会有启发和帮助呢。"高个子女儿说。

“写你的好朋友的优点，写出他们的很棒的故事，对你并不难。”矮妈妈说，“这一次，建议你尝试观察平时关注不多的一两个同学，发现他们的优点，看到他们的闪光点。”

“谢谢妈妈，真是好建议。”高个子女儿说。

阅读提示 Yuedu Tishi

阅读这一组作文，希望同学们学会观察他人、关注他人，学会为别人的精彩表现喝彩，并且向那些人学习。

“你真棒！”这不是一句空洞的口号，而是要有实际的内容，比如，要写出这个人的行动故事，写出故事中的细节，写出行为的良好效果。

请你拿出彩色笔，画出那些表达行为动作的句子，想一想这些句子对表现人物发挥了什么作用。

编竹篮

湖南省龙山县第一小学六年级★黄 锦

我有一个表哥，耳朵有点背，我叫他“聋子哥哥”。他是我们乡里有名的篾匠。

表哥十四岁辍学，十六岁跟着外公学编竹篮。外公告诉我，他刚开始学习的时候，笨手笨脚的。用篾刀剖竹，先把竹子对剖，再对剖，剖出来的篾片要又薄又均匀。这是一项很难学的技术活，为学习这项技术，表哥的手老是被刀和篾片划破皮，不知流过多少次血。

他没有被困难难倒，而是更加努力地学习篾匠编织技术，废寝忘食地练习剖竹、清篾、编织花样，等等。后来，他编织出来的竹篮越来越精美，也很耐用，村里的人都爱用表哥编织的竹篮。

表哥的家里摆满了大大小小的竹篮，上面有各种各样好看的花纹。看着表哥编了这么多精美的竹篮，我缠着他告诉我编竹篮的秘诀。表哥笑了笑，说："你看我编嘛！"

表哥拿出一些薄篾片，开始编竹篮。我想：这些薄篾片编织出来的竹篮结实吗？他又拿了几根竹条，用薄篾片不停地缠绕那几根竹条，薄篾片在他手里上下跳跃，发出响亮的声音。不一会儿，竹篮的"底子"已经清晰可辨，可是四周都是乱七八糟的篾条。我怎么都不敢相信这个乱糟糟的"胚子"会编织成精美的竹篮。

表哥绕着竹篮"底子"反复编织，过了半天工夫，篮身"大功告成"。他手里的玩意越来越像个竹篮子，加固竹篮的边，再做一个竹篮提手就可以了。

过了一阵子，一个小竹篮就完工了。我把表哥编织的竹篮上下左右打量了一番，竹篮小巧玲珑，精致可爱。表哥说："你喜欢它，就送给你吧！"

（指导老师：秦庆光）

爷爷的宝贝

浙江省嵊州市剡山小学五年级（2）班★刘亦高

每个人都有宝贝，爷爷的宝贝却是一块已经消失的菜地。

爷爷的菜地在大坝旁，呈长方形，每年都能收获许多蔬菜，有菠菜、萝卜、丝瓜、南瓜、辣椒、茄子、白菜……在那一片菜地中大出风头。每天丰收的时候，很多有菜地的邻居都用他们自己种的蔬菜换爷爷的蔬菜呢！

但是，一年前，为了修路，爷爷和其他人一样失去了菜地。爷爷失去菜地后，吃饭不香了，连看电视也没心思，心里只想着那片绿油油、黄澄澄、红彤彤的菜地。爷爷常常看以前给那块菜地录的视频，边看边流泪，那泪水中包含着过去的甜美和现在的痛苦。爷爷太爱土地，太爱劳动了！记得很久以前，他曾在花盆里种过菜，但因为花盆到底不是种菜的地方，所以后来就不种了。

其实，爷爷曾有保留住那块菜地的机会。那是在修路之前，总监管说，修路有两套方案，一套是铲除菜苗，占用菜地，省力气也省时间；另一套是保留菜地，绕弯过去，就是多费些周折。爷爷一听，毫不犹豫地选择了第一套方案。爷爷为什么要这样？难道他对那块菜地没有感情了吗？当然不是，因为爷爷一直最痛恨自私的人，他绝不会为了个人利益而影响大家的利益。做出选择后，总监管向爷爷竖起了大拇指。一阵挖掘机的轰鸣声过后，菜地成了平地，再之后，松软的菜地变成了硬硬的水泥路。

水泥路修好了，大家出行方便了。可是，我发现爷爷常常在那片曾经的菜地边发呆，他每天都要去看一看，站一站。爷爷简直成了那块菜地的影子！

爷爷那么思念那块菜地，是因为他视它为宝贝。也许是因为我的身上流淌着爷爷的血，不知不觉中，那块曾经五彩斑斓的菜地也成了我的宝贝。

短暂的春节

福建省龙岩市长汀县童坊中心小学★赖晓颖

我留不住时间，一转眼，爸爸妈妈又要出门了。

爸爸妈妈刚回家时，我感觉他们像陌生人一样，连叫他们都觉得害羞。过了一两天，我才扭扭捏捏喊出了：“爸爸，妈妈。”

第三天，他们带我去买新衣服。爸爸搂着我的肩膀，妈妈牵着我的手，我觉得自己是天下最幸福的人。

衣服买好了。爸爸问我：“吃什么？”妈妈对我说：“吃清汤粉吧，你最喜欢的。”爸爸妈妈把肉丝、青菜、酸菜夹给我，我心里热乎乎的。我笑着说：“不要了，够了，爸爸妈妈吃。”

爸爸妈妈出门的头天，我偷偷地躲在房间里哭。爸爸发现了，说：“傻孩子，爸爸妈妈又不是去旅游。不带上你，是因为我们工作的地方没有好学校。如果有好学校的话，早带你出去了。你大了一岁，更懂事了，不要哭。”

妈妈走了进来，问：“怎么了？”

我偷偷擦掉眼泪，微笑着说：“没什么啊，我和爸爸聊天呢。”

爸爸说：“我去给你买个热水袋，买瓶冻疮膏。家里很冷，注意保暖。”我心里暖烘烘的，不听话的眼泪又充满了眼眶。

妈妈见了，用慈祥的目光看着我，温柔地说：“晓颖，你们老师教过你‘坚强’两个字怎么写吗？”

“教过……”

妈妈说：“你已经长大了，要学会坚强。我在外面睡不着，都在想着你——想你在干吗，想你能不能吃饱，想你被子盖好了没有……好好读书，只要你争气，我和你爸累死了也甘心……要听外公外婆的话，别惹他们生气……”

“明白了，妈妈大人。”我笑着说，妈妈也笑了，我心里也感觉好多了。

爸爸妈妈出发了，他们的眼睛有些湿润。

一个特别的生日

怀化市宏宇小学三年级★刘栩诚

我从幼儿园开始，每年过生日都是向老师请假一天，由爸爸妈妈、爷爷奶奶和外公外婆陪我一起过生日。

今年五月十八日，是我终生难忘的日子，那天是我满八岁生日，爸爸妈妈却不同意我请假，说：“诚诚，你长大了，应该懂事了。请假会耽误上课学习，过后没有时间给你补课。”听后，我当时就哭了，怎么也想不通。我说：“你们平时不都是把我当宝贝看吗？我好不容易盼来了生日，请一天假到外面去玩玩，你们怎么不同意了？把我看成一棵草了？”大清早，我背着书包气鼓鼓地来到学校，一进教室我就把头埋在课桌上，连头都懒得抬一下，心里就觉得委屈，闷得慌。

上课铃响了，我的班主任雷老师来上语文课了，雷老师说：“请同学们把二十一课先预习一下，将课文中的词语画上线，再自己轻轻地读几遍。”我没有心思上课，也没有找词语画线和轻读词语。雷老师反复带我们认读的时候，我也没有将词语画好线。一堂课我脑子只想着过生日的事情，结果这堂课的内容，我一点也不知道，糟糕透了。

放中午学回到家，我还赌气连中饭也不愿意吃，提前赶到学校，我一进学校，老远就见雷老师微笑着站在教室门口，跟我打招呼：“刘栩诚，你快进教室，我有话对你说。”我当时就想：“这下完了，我上课不认真，准得挨雷老师的批评了。”我低着头走进教室，连看雷老师的勇气都没有。正在我胡思乱想时，突然听到一道亲切的声音：“刘栩诚，雷老师祝你生日快乐！”教室里还响起了一阵阵的掌声，是不是我听错了？雷老师都没有批评我？她怎么知道今天是我的生日？我眨着眼睛盯着她和同学们，半天才回过神来，顿时我的眼泪就稀里哗啦地流了下来，哽咽着说：“谢谢你们！雷老师您是怎么知道今天是我的生日？”雷老师笑着说：“我见你上午坐立不安，不集中注意力上课，猜想你心中一定有什么解不开的结，所以我打电话向你妈妈了解情况，才知道今天是你的生日。”紧接着，雷老师打开讲台上的抽屉，从里面拿出很多玩具和学习工具等，要我挑选三样东西作为生日礼物送给我，我高兴地挑选了铅笔、直尺和小机器人，然后说：“谢谢雷老师！”

那次我过生日，雷老师给足了我鼓励和自信。从那以后，我努力地改正缺点，在各方面进步很大，还被评为“优秀少先队员”啦！

（指导老师：雷彩霞）

写作提示 Xiezuo Tishi

写好人物，首先要学会观察。观察描写对象的言行，体会描写对象的内心世界。

《编竹篮》《一个特别的生日》在观察描写对象的言行方面做得很细致。

《爷爷的宝贝》在体会爷爷的心情方面，花了工夫。

《短暂的春节》体会爸爸妈妈的心理活动，体会自己的内心感受，都很用心。替他人着想，不想让亲人担心，这是一种了不起的亲情。

我们要通过具体的观察、通过内心的体会，来写出一个人物。也许文中并没有出现“你真棒”这样的词，但字里行间却已经表达出你的这一情感。这样的作文更有表达力！

主题 9

去调查

高个子女儿回到家，说："妈妈，我今天经历了一个好故事。"

矮妈妈递给女儿一杯水，说："你喝口水吧，再给我讲你今天的好故事。"

高个子女儿喝了一大口水，说："今天我们班去参观新农村，看到路边大片的水稻已经金黄金黄的了。大家拿手机、相机拍照片，米晓欣同学忽然问：'你们知道一支稻穗上结了多少谷粒吗？'大家都说不知道。白老师说'不知道就去数一数嘛'，同学们都去数稻穗上的谷粒，数的过程和结果，大家都感到很惊喜。"

矮妈妈说："一个好问题，引出了一个很棒的故事。你数的那支稻穗有多少谷粒？"

高个子女儿说："我那支稻穗结了416粒稻谷，结得最多的一支稻穗有460粒谷粒呢！"

矮妈妈也兴奋起来，说："数谷粒这个事情，成了同学们今天参观过程中最难忘的兴奋点吧？"

"是的。"高个子女儿说，"我们问米晓欣，你怎么想出这么个看似平平常常，其实却很了不起的问题呢。米晓欣说，这不是她想出的问题，是她看了一本书，有个人在半个多世纪前研究的问题。"

"哈哈，我知道那本书，叫作《禾下乘凉梦——袁隆平传》。"矮妈妈说，“这是袁隆平先生提出的问题，他的杂交水稻研究就是从他数谷粒开始的。米晓欣把这个问题借过来，引发了同学们去数谷粒，也很不错啊！”

“是的，白老师也表扬了她。”高个子女儿说，“白老师说，那些特别优秀的人，他们都爱思考、爱提问，并且主动去解决问题。白老师要我们写关于质疑提问的主题日记，希望我们每天在学习中，在生活中，尝试提出一个好问题。要留意观察，把同学们提出问题、引发思考、引发行动的故事记录下来，这样能训练自己质疑、提问的能力。”

“提出有质量的问题，确实是很重要的一种能力。”矮妈妈赞赏地说，“白老师布置你们写这篇主题日记，真好！”

阅读提示 Yuedu Tishi

采访、调查是一种重要的能力。小学生应当做有行动力的人，学会做采访和调查的活动。

湖南省龙山县华塘小学曾经开展过一个有趣的系列调查活动，让同学们分别参加各自的小组，带着不同的任务去采访、调查。

请你拿出彩色笔，找一找作者是如何采访和调查的，找一找作者在采访和调查的过程中获得了哪些有价值的材料。请用不同的颜色将上述内容画出来。

有关粮食来历的传说

湖南省龙山县华塘小学★供稿

我们湘西苗族流传着“谷种和狗尾巴”的传说。

在古老的年代，人间还没有谷子，人们饿了就用野果充饥。后来，人越来越多了，能吃的野果渐渐少了，大家常常挨饿。

那时候，天上已经有了谷子。可天上的神仙怕地上的人有谷子吃了，人丁兴旺，最后会占领他们的地方。他们不让一粒谷种子落到地上来。

地上的人们苦苦哀求神仙借给他们一些谷种，神仙坚决不借。

人们没有办法，就派一只九尾狗到天上找谷种。

九尾狗来到天上，看见神仙正在天宫门前晒谷子。它弯下九根尾巴，悄悄向晒谷场走去。九尾狗用尾巴粘满谷子后，回头就跑。不料，刚跑了几步，就被看谷子的神仙发现了。神仙喊着追赶，挥着斧子乱砍。

九尾狗的尾巴一根根地被砍断了，鲜血不断地往下流。它忍着剧痛往前跑。当第八根尾巴被砍下来时，九尾狗已经逃出了天门。

就这样，九尾狗用剩下的一根尾巴给人类带来了谷种。

为了感恩狗为人类带来谷种，至今，苗族的风俗中还保留着祭狗的习俗。

——（六年级）商俊龙

老师让我们从长辈那儿搜集一些关于本地粮食的传说。我找到了村里年纪最大的张爷爷。他给我讲了一个有趣的故事。

传说很多年前，天上的神牛看到地上的人们终日劳作，仍然吃不饱，就悄悄盗了仙谷送给人间。守谷神把这件事告诉了玉帝。玉帝一气之下将神牛打下凡间，让它跟人一道吃苦受罪。

从那以后，牛就给人们耕田了。人们不忘神牛盗仙谷之恩，将“仙谷”叫作“盗谷”，日后又将“盗谷”改为“稻谷”。神牛盗仙谷的时间是农历四月十八日，土家人就将这天定为“牛王节”。这一天，各家各户早早地将牛梳洗干净，喂精饲料，在牛角上系大红花，去参加盛大的聚会。

——（六年级）唐金蓉

奶奶说，以前，我们这里有“薅草锣鼓”的传统。

每到春夏秋季，正是挖生地、薅苞谷草、挖桐林茶林的大忙日子。乡亲们几十人邀成一伙，东家一天，西家一天“打白工”。为了减轻疲劳，加快进度，人们通常请两位歌师助兴。歌师站在高山上，一人击鼓，一人打锣，用高八度的假嗓唱歌，土家人叫“薅草锣鼓”。现在，家乡虽然不兴“薅草锣鼓”了，但人们在地里劳作的时候，仍然会喊上几嗓子。

——（六年级）张遗国

家乡的粮食生产状况

湖南省龙山县华塘小学★供稿

以前，我们村子里每家每户都种了各种各样的粮食，如水稻、小麦、大豆等。近些年来，一些人家开始种经济作物了，如大棚蔬菜、西瓜、草莓、百合等。外公给我算了一笔账，一亩田种水稻，按亩产 1000 公斤算，收入不超过 3000 元。去年，他将部分水田用来种蔬菜，再运到县城去卖，一年下来，有 10000 多元的收入。

我统计了一下，在我们村里，像我外公这一辈的人种的粮食面积相对多一点。整个村的水稻种植面积只占五分之一；玉米、豆类、薯类的种植面积只占十分之一。这些粮食主要是用来喂猪的，产生的经济效益不高。

——（六年级）向正华

我调查了本地粮食种植的环境。整个华塘地区像一个巨大的盆子，四周是高山，土地肥沃，气候适宜，灌溉条件好，非常适宜农作物的种植。“杂交水稻之父”袁隆平在这里还有一块试验田呢。

——（六年级）何银

我们华塘小学有将近一半的留守儿童。他们的爸爸妈妈都外出打工了，只有爷爷奶奶们种一点田。剩下的田地要不就荒废了，要不就栽上果树，种上蔬菜。

——（六年级）覃钰娟

增加农户收入的金点子

湖南省龙山县华塘小学★供稿

我们这里山清水秀，可以建一个农业观光园。出租田地、劳动工具等，让游人体验劳动的乐趣。

你知道吗？日本有一个村庄的村委会想提高当地村民的收入，策划了“稻田里的绘画”活动。村民们用不同的水稻品种种出了各种各样的图画。这个活动发展成了有名的旅游项目。每年去这个村庄参观旅游的人超过 20 万人。甚至还有大企业找上门，希望能利用农民们的稻田做产品广告。

——（六年级）钟秋

去年，我家在收割稻谷时，请不到机械收割，就请了六个人收割。没想到，这一天的开支达到 500 多元。而别人家用机械收稻谷，几个小时就收完了，只花了 150 元。

我觉得华塘地势平坦，适合机械操作。家乡发展粮食作物，实行农业机械化，是很有必要的。

——（六年级）满益品

现在，人们越来越重视食品的安全。如果农民种植的粮食少使用农药，多用农家肥，那肯定很受欢迎。虽然这样产量低一些，但农民可以提高粮食价格。无污染、无公害的绿色粮食，一定会受到市场的欢迎。

——（六年级）邓植国

我家的邻居专门卖苞谷粑粑。他家的苞谷粑粑是用糯米和苞谷做成的，香甜可口，很受人欢迎。209 国道上来来往往的长途客车经常在她家门口停下来，不少人会在这里买一些苞谷粑粑带上车。

在我们这里，糯米 2.5 元 / 斤，苞谷 0.8 元 / 斤。一个粑粑的成本不到

5 角钱。邻居阿姨跟我说，她一天要卖几百个苞谷粑粑，生意好的时候，能卖到上千个，一天的利润有几百元。

我觉得，家乡人民种粮食作物也能赚大钱，关键是要肯动脑筋，想办法提高粮食作物的经济附加值。

——（六年级）欧阳杰

爱心在传递

长沙市大同小学四年级★谷湘

星期天，爸爸带我去看望在工地上做事的老乡。来到工地上，只见推土机，翻倒车，吊车来回穿梭忙碌着，整个工地人声鼎沸、机声隆隆，一派热火朝天的景象。

好不容易找到了爸爸的老乡，他带我们去了他住的地方——工棚。

“啊！就住这里呀？会不会有蚊子呀？”我大呼小叫起来，老乡笑了笑说：“劳累了一天，倒在床上就呼呼大睡，哪顾得上蚊叮虫咬啊！”老乡还说他们这些工人都是外地的，一年到头难得回去一次，他和孩子的妈都在这个工地上做事。“那玲玲姐呢？”我插了一句。“由她爷爷带着，在家读书呢。”“她还好吧？”“好呢！现在学校配有爱心移动电话，她隔三岔五地就给我们打电话，昨天还打电话来说语文考了九十几分。”爸爸问道：“玲玲有好高了吧？”“长高了好多呢！春节回家时，我看她都有她妈这肩头高了。”“现在是长个的时候，多给她吃点。”“这个现在我可放心了，现在对留守儿童的生活非常重视，给每生每天补助 3 元的‘营养餐’，读书也不用家里出钱了。‘六一’前，总理还亲自到咱们湘西的小学，看望留守儿童呢！”老乡边说边憨憨地笑着。

回家的路上，我看到一栋栋拔地而起的摩天大楼，不禁思绪万千。没有农民工叔叔的付出，哪来城市的繁华啊！

“关爱留守儿童，爱心在行动”的活动，在我们学校已轰轰烈烈地开展起来。

买本课外书送给他们吧，我想了想，收集起家中的一些废纸、油瓶，飞也似的跑向废品店。老板知道我参加“爱心在行动”的活动，给留守儿童买本书，本来只能卖出七元五角，却递给了我一张十元的钞票。“大家都献爱心，也算我一份吧！”老板笑着说。

我激动地接过钱，一股暖流不由得从心头涌起。是啊！只要人人献出一点爱，我们的社会将会变得更温暖，谢过老板，我兴奋地朝书店跑去……

写作提示 Xiezuo Tishi

这一组作文，前面三篇是小作者带着任务进行采访和调查的成果。《爱心在传递》这篇作文的作者虽然不是专门去做采访和调查，但小作者表现出了明显的好奇关注，并且对关注到的内容进行思考和分析，融入自己的行动中。

请你确定一个主题，或者一个创意，带着明确的目标，带着具体的任务，主动去采访、去调查，从而培养自己的主动精神与扎实作风。

你在采访和调查中，会获得新鲜的材料，获得对新材料的感受和思考，在这个基础上写作文，你的文章内容会发生令人惊喜的变化。

主题10 * 去尝试

白老师说："我有一个发现，很多同学的动手能力比较一般哦。"

马小新说："老师，你观察得好像不对，我们的动手能力并不差呀！"

白老师说："你们每个人数一数，看自己会用多少种工具。"

"我会用筷子吃饭。"

"我会用刀叉吃西餐。"

"我会用水果刀削梨子。"

"哈哈，一群吃货呀！"赵小宁总结说。

白老师说："我还有一个建议，希望每个同学尝试使用一种陌生的工具，用它学会做一件新鲜事。"

"兔子班"的同学们积极地讨论起来——

祁好好同学说："我要使用锄头，去挖菜地，去挖栽树的大坑。"

于草儿同学说："我要使用斧头，去砍树，去劈柴。"

宁丁丁同学说："我要使用雕刻刀，为自己刻一枚艺术章。"

张飞飞同学说："我要使用七彩笔去读书，让阅读变得丰富多彩，更加有收获、有发现。"

邹亮同学说："我要使用剪刀，学会剪纸艺术。"

尚可欣同学说："我要用电脑写作我以前没有写过的东西，比如我要写一篇童话。"

刘小牛同学说："我要使用钓鱼杆，去钓一次鱼。"

莫明同学说："我要用天文望远镜，去观察月球的环形山。"

马小新同学说："我要使用照相机，拍出有艺术感觉的精彩照片。"

米晓欣同学说："我要买一把理发剪子，欢迎大家到我这儿来理头发，我会把你们的头理出许多艺术造型的。"

白老师听了同学们的讨论，高兴地说："每个同学学会使用一种新工具，每个人肯定会有新故事。我建议大家，要把自己的新故事写下来，还要把好朋友的新故事写下来。"

"老师，你总是希望我们有新的故事。"邹亮说。

"你们不断地有新的故事，就会更快乐。"白老师说，"有的同学一提起笔写作文，就写'那是我上二年级的事情……'，一句话就暴露出了自己的缺点：你创造新生活的能力不够，你的新故事太少，你发现生活中的新鲜事的敏锐性太迟钝。"

"哇，这样的开头确实太糗了。"几个同学同时说，"看来，动手尝试，创造新的故事，真是太重要了。"

阅读提示 Yuedu Tishi

勇于尝试，是一种积极的学习态度。

下面几篇作文，你可以进行对比阅读。看小作者在哪些方面进行了有益的尝试，他们是怎么想的、怎么做的、有什么成果。

请你拿出彩色笔，用不同的颜色画出文中的“想”“做”和小作者的收获。

刻画家乡的味道

湖南省凤凰县箭道坪小学六年级★陆亚玲

我学习版画有三年了。

我创作过一幅苗家人赶集的版画作品。很多苗家人在赶集，他们穿着节日盛装，气氛热闹、喜庆。用版画的黑白对比来表现这一场景，我很喜欢。

我觉得黑和白这两种颜色搭配在一起对比很强烈，可以展示出世界的丰富多彩。这比用五彩的颜色来表达要谦和，要简洁。

我生活在凤凰古城里。凤凰古城和版画一样，厚重、朴素、美丽。

我喜欢在古城里漫步，喜欢以古城为背景来进行创作。回到家，我仔细回想漫步时的感受，在纸上勾勒出想画的内容，画出草稿。

阳光照下来，老房子的光影，石板街道上的花纹，人们聊天时的声音，从古城墙的石头缝里长出来的小花……都会在我的脑海里一一浮现。这些细节勾勒出我的古城印象，勾勒出古城的声响和色彩，勾勒出古城独特的味道。

我想传达这种味道。

凤凰是一个非常美丽、非常丰富的地方。这里的吊脚楼建在水边，依山傍水，很实用、很舒服，随随便便就把自己美成了一幅画……

过年的时候，我喜欢去看苗家人打粑粑，也就是糍粑。我在街巷里，在村寨里，看到千家万户的苗家人在打粑粑——人们把蒸好的糯米饭放入打粑粑专用的石槽里，用木槌使劲捶打。糯米饭越打越黏，象征着生活越来越美好。再把打得黏糊糊的糯米饭揉成巴掌大的圆饼，把圆饼晾干就成了糍粑。浓浓的米香弥漫在大街小巷里，弥漫在村寨里，好香啊！

这样的美感动着我，这样的香味感动了我，给了我创作的动力。

给刻好的木版涂上特别的黑漆，就可以印到纸上去了。这种黑漆黏糊糊的，粘在手上很难洗掉，但印出来的画很有质感。木头很沉稳，用黑色来印制是最好的。

我的创作，是要表达我对家乡的喜爱和赞美。对家乡的美的发现，也在丰富着我自己。对我而言，创作是一种无与伦比的享受。

撒谷种

湖南省龙山县华塘小学六年级★满益品

又到一年播种时，爸爸从粮仓里取出金黄饱满的种谷倒入大桶中，拌上药水。爸爸说，这种药水可以杀菌驱虫，让种子快快发芽，长出粗壮的苗儿。

谷种要在药水桶中泡一个上午，才能将药彻底吸收。下午，我和爸爸先往泡着谷种的木桶中加温水，再将木桶放进一个蛇皮袋中，封紧袋口。

爸爸点燃炭火，将袋子吊在上面加热。一会儿，爸爸打开袋子，一股清香温热的气息扑鼻而来。

加热后的谷种，每天要淋几次温水。三五天之后，金黄饱满的谷种露出了洁白细嫩的芽儿。它们舒展地躺着，像一个个刚出生的宝宝，睡得那么香甜，又显得那么精神。

我们选择一个天气好的日子，把发了芽的谷种撒到秧田里。

我见爸爸在秧田里撒谷种的模样轻松潇洒，便脱掉鞋子，挽起裤脚下田尝试。没想到看起来容易做起来难，谷芽儿从空中撒下去，不是太密，就是没落在秧床上。

爸爸从我手里接过装满谷种的脸盆，笑着说："以后还得跟我多学学。"

撒完谷种后，爸爸在秧床上盖了一层厚厚的薄膜。接下来的几天，爸爸每天都往秧田里跑两趟。白天，揭开薄膜让谷种晒晒太阳。傍晚，给秧床盖上薄膜，让谷种保温。

不久，白白的嫩芽儿变成了绿油油的秧苗。绿苗儿们迎着微风，舒展着健壮的腰身，尽情地舞蹈。爸爸的眼睛都笑成了一条线。

（指导老师：叶海英　叶艳）

小脚丫，走长路

国防科大附属小学五年级★吴致远

咚咚咚，出发啦

要走十四千米啊！我从来没有走过这么长的路。我既兴奋又紧张，来到了集合地点——北大桥东头。

同学们到齐了，排着整齐的队伍出发。我们边走边哼着歌，刚开始队伍还算整齐，可没维持多久。同学们都想提前到达终点，争先恐后地跑了起来，徒步活动变成了跑步比赛。

没过多久，大家都累得气喘吁吁，感觉有点体力透支，速度明显减慢了许多。后面的路还长着呢，我一直按正常的速度往前走，既节省体力又能跟上大部队。

过了大桥，我们要横穿一条宽阔的马路。学生和家长将近一百人，怎么过去呢？幸好那里的车流量不是很大，家长们伸长手臂，示意汽车停下，我们顺利地通过了斑马线。

路旁有七个大风车，我们都伸长脖子，想看到风车呼呼地转起来。我们还唱起铿锵有力的歌互相鼓劲，声音嘹亮动听，路人向我们投来满含微笑的目光。

好不容易到了第一休息点——阳光漫步酒吧。同学们立刻瘫坐在地上，大口喘着粗气。有的忙着脱下外套，有的把毛巾搁在背上吸汗，还有的吃巧克力补充能量。

短暂的休息时间过去了，我们继续上路。

芦花满天飞

大约走了两三里路，我们看见前面的河滩上长满了芦苇。我见过芦苇，但从来没见过这么大片大片的芦苇丛。芦苇有一人多高，一簇一簇的芦花，像白云飘到了河滩上。我兴奋极了，迫不及待地跑下河堤，钻进芦苇丛。摇啊摇，芦苇的种子像雪花一样飘扬，漫天飞舞，我的心也变得轻盈了。

芦苇丛一片接一片，我们边走边玩，似乎忘记了活动的终点。走了很久，才到达第二休息点。那里有一片更大的芦苇丛，我们玩起了新的芦苇游戏，有的同学摘下芦苇当枪“打僵尸”；有的用芦苇编扫帚；有的跑进芦苇丛，摇着芦苇玩下雪的游戏……你能想到的，样样都玩得出来。家长们呢，拿着照相机四处咔嚓咔嚓，记录下这美好的景象。

写作提示 Xiezuo Tishi

你的美好愿望需要实现，你遇到的问题要解决好，都需要你敢于尝试，勇于探索，能够坚持。

尝试要从“想”开始，想好了，一步步去“做”。

《刻画家乡的味道》是艺术尝试，作者观察生活、画出草稿，然后才进行创作。

《撒谷种》写的是劳动尝试，小作者善于观察，学习劳动技能，体验劳动乐趣。

《小脚丫，走长路》是一项行动挑战，是对意志力的锻炼。

《我帮妈妈改脾气》是生活中的一项尝试，尽管很艰难，但小作者有构想、有行动，做出了有益的尝试。

有尝试，有探索，写出的作文内容扎实，体验真切。

主题 11 *

好问题

高个子女儿回到家，说："妈妈，我今天经历了一个好故事。"

矮妈妈递给女儿一杯水，说："你先喝口水吧，然后再给我讲你今天的好故事。"

高个子女儿喝了一大口水，说："今天我们班去参观新农村，看到路边大片的水稻已经金黄金黄了。大家拿手机、相机拍照，米晓欣同学忽然问：'你们知道一支稻穗上结了多少谷粒吗？'大家都说不知道。白老师说：'不知道就去数一数嘛。'同学们都去数稻穗上的谷粒，数的过程和结果，大家都感到很惊喜。"

矮妈妈说："一个好问题，引出了一个很棒的故事。你数的那支稻穗有多少谷粒？"

高个子女儿说："我那支稻穗结了416粒稻谷，谷粒结得最多的一支稻穗有460粒呢！"

矮妈妈也兴奋起来，说："数谷粒这个事情，成了同学们今天参观过程中最难忘的兴奋点了吧？"

"是的。"高个子女儿说，"我们问米晓欣，你怎么想出这么个看似平平常常，其实却很了不起的问题呢。米晓欣说，这不是她想出的问题，是她看了一本书，有一个人在半个多世纪前研究的问题。"

"哈哈，我知道那本书，是《禾下乘凉梦——袁隆平传》。"矮妈妈说，

“这是袁隆平先生提出的问题，他的杂交水稻研究就是从他数谷粒开始的。米晓欣把这个问题借过来，引发了同学们去数谷粒，也很不错啊！”

“是的，白老师也表扬了她。”高个子女儿说，“白老师说，那些特别优秀的人，他们都爱思考、爱提问，并且主动去解决问题。白老师要我们写关于质疑提问的主题日记，希望我们每天在学习中，在生活中，尝试提出一个好问题。要留意观察，把同学们提出问题、引发思考、引发行动的故事记录下来，这样能训练自己质疑、提问的能力。”

“提出有质量的问题，确实是很重要的一种能力。”矮妈妈赞赏地说，“白老师布置你们写这项主题日记，真好！”

阅读提示 Yuedu Tishi

拿出你的彩色笔，在阅读中画出文中的问题是什么；用另一种颜色的笔，画出作者是怎么寻找答案的，是如何思考问题的；再用一种颜色的笔，画出作者找到的答案是什么。

提出问题——行动、思考、感悟——得到答案，这是一个探索的过程。

尝试在作文中写出探索的过程，写出探索思维，这样的作文一定是有亮点的。

光拍脑袋可不行

重庆市向阳小学五年级★李昶序

我的理想是长大了当一名科学家，曾经为《拍脑袋的发明》一书中那些奇思妙想叹羡不已。我幻想着，什么时候我的脑袋也能“拍”出一个好发明！

偶然一次坐公交车时，一个紧急刹车，一位站着的乘客跌倒了，原来是他拉着的拉手吊环的吊带断了。我第一次意识到，吊带对乘客的安全是多么重要。后来，我每次乘车都喜欢观察吊环和吊带。渐渐地，我发现吊环吊带使用一定时间后，会出现纤维断裂、发毛的现象，这种吊带在紧急刹车时，就可能被拉断。

我能不能解决这个问题呢？这会不会是一次发明的机会呢？老师和家长知道我的想法后，都支持我，鼓励我，给了我信心，于是我下决心要找到解决办法。在老师和家长的指点下，我开始了我的第一次创新实践活动。

要找到解决问题的办法，先要弄清引起问题的原因。通过向公交车驾驶员叔叔和售票员阿姨了解情况，以及我的多次观察和请教老师，我分析得出，吊环在使用时吊带因反复弯曲，与吊带夹的棱边经过强烈的摩擦而造成了严重的磨损。

吊带既然是被吊带夹磨损的，那我就从吊带夹着手。吊带夹的棱边是一个“刀刃”，我让“刀刃”变钝不就行了吗？老师肯定了我的思路，希望我进一步完善。

那些天，我像着了魔似的满脑子尽是吊带、吊带夹，一上公共汽车就目不转睛地盯着车上的拉手吊环，结果又发现了一个现象：吊带的磨损总是首先出现在吊带的两个侧边。针对这个问题，我采用了将吊带夹口部做成两侧宽、中间窄的形状，以减少两侧的磨损。

虽然从原理上来看，我的发明还是不错的，但它有实用推广价值吗？在妈妈的陪伴下，我来到了重庆恒通客车制造厂，请教田总工程师。热情的田总工程师肯定了我的创新想法，认为这种方案原理正确，简单实用，不需变更已有的生产方式，也就不会增加成本。我发现他们对成本非常重视，这是我以前从未考虑过的。这次客车制造厂之行，我的收获颇多。

我的这件发明作品“拉手吊环的吊带夹新结构”在第 24 届重庆市青少年科技创新大赛上获得了小学组的一等奖，后来又在第 24 届全国青少年科技创新大赛上获得了小学组的二等奖，还获得了国家实用新型专利授权。

在激动与欣喜的同时，我也深深地体会到：创新发明需要走进生活，关在屋子里“拍脑袋”是一事无成的。

虫子喜欢什么颜色

南京市宇花小学四年级★肖嘉祺

早上在操场活动的时候，一群黑色的小飞虫在我周围飞来飞去，突然其中一只落到了我的肩膀上，我忙将小飞虫抖掉。刚松了一口气，又一只小飞虫向我进攻。旁边的窦方好见我不停地拍打身上的小飞虫，便前来帮忙，“哇！”只听她吃惊地叫道：“肖嘉祺，你身后有好多小飞虫！”我着急了：“快，快帮我拍掉啊！”

吴文清看见了，若有所悟地点了点头，说：“我知道你为什么那么招飞虫了。”

我像见了救星似的问：“为什么？快说！”她指着我的衣服说：“与你的衣服有关。”我感到很奇怪，疑惑不解。她一副满腹经纶的模样继续说：“和你衣服的颜色有关，你穿的是黄色衣服，而飞虫最喜欢的就是黄色。你看，这么多黑色的小飞虫落在你后背，你都成‘芝麻烧饼’了！”“啊！”我张大嘴巴。

后来我从网上得知这和“飞蛾扑火”是一个道理，因为很多飞虫对鲜艳的颜色或是灯光特别偏爱。飞虫不光喜欢黄色，还有橙色、翠绿色等，也就是能用黄色调配出来的暖色调，飞虫都很喜欢。

原来这一切都与我这件暖色调的衣服有关，看来以后穿暖色调衣服时要喷些花露水，免得再次成为“芝麻烧饼”。

我把我的观察和发现告诉园丁伯伯，他对我竖起了大拇指。

写作提示 Xiezuo Tishi

在学习中，在生活中，都有许多的疑问。

尝试找到一个好问题——有探索价值的问题，去开展探索行动，去思考和感悟，最后得到自己的解答。这是一个学习的过程，是一个动手动脑的过程，也是一个思维训练的过程。

邓湘子老师有一句名言：“做得有创意，写得才精彩。”

这句话中的“做”，不是轻描淡写地做，而是要开展探索行动。你尝试去经历有探索体验的实践，才写得出表达探索体验的作文。

让写作中多一点对生活与学习的探索体验的表达。

主题 12 *

好办法

白老师说："同学们，如果在生活和学习中遇到了问题，我们正确的态度是什么样的？"

"兔子班"的同学们议论开了。有的说："我们要想办法克服困难。"有的说："办法总比困难多。"有的说："克服困难是一种挑战性的学习。"

白老师说："邓湘子主持的儿童文学杂志《花火》正在推动一项创意活动。针对当前小学生经历平淡、体验平庸的普遍现象，编辑部希望孩子们自己挣钱订刊，有创意地阅读，年底把自己的刊物捐给偏远山区的同学。捐刊物的时候，还要把自己挣钱订刊的故事写下来，把阅读刊物的体会和收获写下来，一起作为特别的礼物捐出去。每个同学要挣钱订刊，这是一个问题，你们要是参与的话，应该如何解决？"

同学们对"挣钱订刊"这个活动展开讨论——

祁好好同学说："我在家里洗碗，爸爸妈妈会给我报酬。"

于草儿同学说："我清理家里的废旧报刊，可以卖到一些钱。"

宁丁丁同学问："我主动完成作业，爸爸妈妈会给我奖励的。"

张飞飞同学说："我去街头卖报纸，当个'卖报的小行家'。"

邹亮同学说："我制作一架飞机模型，可以卖到钱。"

尚可欣同学说："我拿自己多余的文具、看过的图书，到跳蚤市场去卖。"

刘小牛同学说："我考试夺得好名次，妈妈会给奖金。"

莫明同学说："我把自己的画装上画框，拿去出售，也许能挣到一些钱。"

赵小宁说："我来组建一个舞蹈队，在街头表演，去募集一些钱。有人愿意报名参加吗？"

白老师高兴地说："你们的讨论很棒，想出了许多挣钱的办法。不过，编辑部认为，给家里干家务活、关于自己的学习，都是你的份内事，不能拿来挣钱。"

"唉，挣钱真不容易。"宁丁丁同学说，"我们要想出更棒的办法。"

"激活创意，才能让挣钱的故事变得很精彩。"白老师停顿下来，"编辑部要举办征文大赛，给精彩的挣钱故事评奖呢。"

"哈，想好好办法，然后才去做。"马小新说，"有独特的好主意、好办法，才会产生独特的好故事。"

"参加这个活动，创造自己的精彩故事和体验，有一本优秀儿童文学刊物的陪伴，还有机会参加公益活动，确实值得尝试。"白老师说，"建议你们在活动过程中，写出 10 篇系列作文，订成一个小册子，作为特别的成果展示出来。"

阅读提示 Yuedu Tishi

请你在阅读中思考：作者遇到了什么需要解决的问题？是如何把问题解决掉的？请用不同颜色的笔，把上述两个问题的句子或者段落画出来。

邓湘子老师在很多次演讲里，都以《爸爸的手变长了》这篇作文为例，认为这篇文章里包含了当代少年儿童最优秀的品质。这篇文章尽管没有一个“爱”字，却有着浓浓的爱；文章展示了小作者表达爱的能力，表现了她的可贵的行动力和创造力。

请你用邓湘子老师的观点去观察自己的作文，去衡量自己读到的作文，或许你对作文应该怎么写能得到全新的认识。

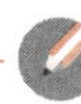

爸爸的手变长了

湖南益阳市沧水铺镇花亭子学校五年级★杨祎祺

爸爸上班的地方有点远。为了节省路上的时间，爸爸买了一辆摩托车，每天早出晚归。

冬天来了，尽管爸爸在摩托车上装了挡风罩，但还是觉得开车的时候胸口冷得受不了。

爸爸想了一个办法，把外衣反穿，也就是把衣服前后两面对调。这样一来，衣服可以挡住脖子，还能挡住半边脸，冷风吹不进胸口，暖和多了。

可是，要从后面把外衣的拉链拉上来是非常吃力的事情，有时候他只好请别人帮忙，真麻烦。

有一天早上，看到爸爸吃力地把手背到后面拉拉链，我赶紧冲上去帮忙。

看着爸爸远去的身影，我心想，怎样才能让爸爸反穿衣服时更省事呢？

我突然想到，要是在拉链扣上加一截绳子，不就好了吗？我拿了自己的衣服做实验。果然，加上绳子之后，我很轻松地把衣服的拉链拉上去了。

爸爸回来之后，我找来一截尼龙绳，一头系在爸爸衣服拉链的小扣眼上，一头搭在爸爸的肩上。我叫爸爸从后面把拉链扣好后，一只手固定住拉头，再用另一只手从肩上拉住绳子的另一头，轻轻地往上拉，一下子就把拉链拉上去了。然后又把绳子放下来，拉住绳子另一头轻轻往下一拉，拉链就开了。这样一来，爸爸反穿衣服就非常容易了。

爸爸高兴地说，我把他的手“加长”了。

写这篇文章的时候，爸爸去外地打工没在家，他把我给他改装的衣服带在身边。我很想他。

（指导老师：刘腊丰）

不湿脚的雨衣

浙江省嘉兴市海盐县向阳小学★刘逸如

天下着雨，来上学的同学们大都撑着雨伞或穿着学生专用雨衣。我发现，穿专用雨衣的小朋友往往一边走一边提着雨衣下摆，雨水顺着雨衣流下来，走到学校，早已湿了脚。有什么办法能让雨水不淋到脚上、裤子上呢？

就在此时，我突然看到头顶上的雨伞，灵机一动，要是能把伞装到雨衣上，那水往下淌，就不会滴在脚和裤子上了。可是伞这么大，怎么装上去呢？我又犯难了。

改良学生专用雨衣的想法一直在我脑海里萦绕，直到两周后我路过一家婚妙店时看到婚纱下摆是很大的。我想，如果在学生专用雨衣底部也装上一排排钢丝做的圆圈，像婚纱一样把学生专用雨衣撑起来，让雨衣也做成婚纱那样，问题就解决了。第一次，我选用了钢丝，想做雨衣底部的圆圈，但老师说，这样很容易生锈。在老师的建议下，我们去找了一些塑料。后来，我就把一个塑料圈缝在了雨衣底部。但做成以后我们又发现，这样的一件雨衣就不方便折叠了，有什么方法可以再改进一下吗？

经过一段时间的思考，我选用了几块布，先在雨衣下面缝上一圈布，让塑料圈可以通过，在塑料圈的接口上做一段大管子的接口，这样，塑料圈就可以固定起来了，而我们想折叠时可以把塑料圈拆出来。

我完成这个小发明后，在雨中试了一下，果然效果不错，裤子和鞋子都不会被淋湿了。瞧，照片上就是我的小发明啦。那雨衣最下面粉红色的部分就是我选用的布料，而里面有一个塑料圈。同学们，你们觉得我的小发明怎么样呢？

（指导老师：洪芳丽）

插　秧

湖南省龙山县华塘小学六年级★邓植国

爷爷、爸爸和我一起到田里插秧苗。爷爷向田里甩了几捆秧苗，便和爸爸下田了。

我挽起衣袖和裤脚，兴高采烈地往田里跳。哇，田里的泥好软呀！我整个人好像陷进去了似的，水一下子没过膝盖。不管三七二十一，我拿起秧苗就往田里插。

“到一边玩去吧！”爸爸说。

我扭头一看，爸爸正弯着腰把我插的秧苗一兜一兜扯出来，重新插了一遍。原来，我用力太小，秧苗插得太浅，田里的水波一荡，秧苗好像喝醉了酒，变得东倒西歪。

“不，我能插好！”我不服气地说。

这一次，我把秧苗用力往田里插，秧苗都快被水淹没了。

“这下又插得太用力了，秧苗芯被水浸了，长得很慢。”爸爸说。

这插秧苗轻不得，重不得，还真难。

爸爸好像看出了我的心思。他走到我身边，一边给我做示范，一边教我：“插秧苗的学问多得很，你得多学习。要想速度快的话，眼睛、手、脚都要协调和配合好。眼睛看好距离，左手分好秧苗，右手接过左手的秧苗插到田里，双脚要沿着打线的绳子慢慢移动。”

我按照爸爸教的方法插秧，速度逐渐快了起来。

太阳越来越猛烈。我一直弯着腰，双脚踩在田里，很辛苦。我身上的衣衫被汗浸湿了。我站起来想伸展一下身子，不料身体失去平衡，一屁股坐进了泥田里。对面田里的几只鸭子嘎嘎直叫，像在笑话我这只“落汤鸡”。

这时，妈妈给我们送点心来了。我放下秧苗，奔上田埂，跑到水沟里洗去满身的稀泥。我一屁股坐在田埂上，抓起点心就往嘴里送。也许是饿了，我感觉今天的点心格外好吃。

这一天很累，但我学会了插秧，也明白了“谁知盘中餐，粒粒皆辛苦”的真正含义。

（指导老师：向金菊）

写作提示 Xiezuo Tishi

抓住生活中的一个问题，动手动脑去解决它。把解决问题的过程记录下来，

把你做一件事情的过程生动地记录下来，努力在你的作文里展示你的观察力、行动力、创造力。

附一：

愿意做十次

＊ 邓湘子 ＊

我在一次讲座之后，一位家长找到我，问有没有一种比较好的办法让他的孩子能够真正领会“发现作文”的精髓，写出我所要求的“有行动力、有思考力、有发现体验”的优秀作文。

我想了想，说：“请你的孩子结合创意行动来做写作训练吧。”

“什么样的创意行动？”家长问。

“比如，让他自己动手，去挣十元钱。”我说。

“哈，他喜欢钱，这个他也许有兴趣。”家长笑着说。

“还要有创意地把自己挣来的钱用掉，”我说，“请他用自己挣来的钱去做公益活动，要做出故事来。”

“开始是自己挣钱，要进行记录；然后再用钱做公益，也记录下来。对吧？”家长说。

“对极了，挣钱的方法如果有创意的话，就会出现好故事；用钱的方式如果有创意的话，也会出现好故事。”我说，“好故事是值得写下来的。记录下来的好故事，就是好作文啊！”

“我回家让他试一试吧，谢谢。”家长说。

“试一次，是远远不够的。”我说。

“那你说要试几次？”家长有点吃惊。

“就试十次吧，每一次挣钱的方法都不一样，每一次用钱做公益的方式也不一样。一次比一次有新意，一次比一次更美好。创意就是这么被激活的。”

“这个是不是太难了？”家长说，“我那孩子平时写作业也拖拉，要他干点家务活，也不愿意动手。”

“也就是说，这孩子有点懒，是不是？”我问。

“是的，这孩子好像确实有点……懒。”家长说，“我今天带他一起来的，你刚讲完，他就走了。我说要和你交流一下，他没有这个耐心。哎，没耐心，还有点懒，怎么办才好？”

“懒是一种绝缘体。”我说，“懒的人，将自己与许多美好的东西隔开了。”

“什么绝缘体？”家长有点奇怪。

“懒是一种强大的绝缘体。”我说，“懒的人，与好奇探索绝缘，与新奇发现绝缘，最后是与真正的成长绝缘。”

“我什么时候懒了？”一个男孩从那位家长背后闪出来，“我回家就开始去挣钱，挣到钱就做有意思的公益活动。我要试十次，每一次挣钱的方法都不一样，每一次用钱做公益的方式也不一样。一次比一次有新意，一次比一次更美好。我要做给你们看！”

“好的，我相信你！加油哦！”我对男孩说。

附二：

爱的礼物

* 邓湘子 *

我在《小学生导刊》杂志做编辑的第四个年头，产生了很大的困惑。当时的科普来稿很不理想，抄写拼凑的内容居多，找不到优秀作者来改变局面。我决心自力更生，策划了“走近科学家”专栏，打算去采访真正的科学家，请他们做三件事：一是回答一个问题：你是怎么爱上学科学的？二是讲述自己成长中的三个故事，三是给小读者题写一句寄语。

什么人是科学家呢？我把眼光投向中国科学院院士和中国工程院院士。通过查找资料，得知湖南当时有二十多位院士。可是这些科学家太忙了，要采访到他们还真不容易。经过一年多的努力，我采写了十篇稿件。这个栏目的出现，有效地更新了刊物的科普内容，也开阔了我的眼界。

我特别感动的是，这些科学家其实非常平易近人，十分乐意将自己的成长体验分享给孩子们。这在我的职业生涯中，是十分难忘的美好经历。尤其令我激动的是，我采访到了“杂交水稻之父”袁隆平院士。我在偏僻的乡村长大，小时候每到春夏季节就吃不饱肚子。杂交水稻的推广，让中国乡村孩子不再像我小时候那样要忍受饥饿的威胁，我对袁先生怀有一份特别的尊敬和感激。怀着这种感恩心情，我再一次走近袁先生，希望写作一部给少年儿童阅读的袁隆平传记。我和谢长江老师共同创作的《禾下乘凉梦——袁隆平传》，2002年12月正式出版。这部书的责任编辑是著名的“笨狼妈妈”汤素兰。那时候她在湖南少年儿童出版社做编辑，笨狼系列故事也在创作中。

采访过程中，袁隆平院士不断地提到科研过程中发现了新问题，发现了麻烦事，发现了新材料，发现了新办法……可以说，杂交水稻研究是在一个个让人痛苦、又让人激动的发现中走向成功的。“发现”这个词，由此深刻地印进了我的脑海里。

由此我抓住了“发现”这个词。我体悟到，对于人的心灵成长和智慧生长，对于作家、诗人、艺术家、科学家的创造性劳动，“发现”有着极其重要的作用。

我想到，“发现”既然如此重要，那么前辈教育家们如何探讨它在教育教学中的作用？我扎进中外教育家的著作里，惊喜地看到，从孔子到陶行知，中国杰出教育家的教育实践中闪耀着“发现”之光；而国外关于“发现教育”的研究可谓源远流长。法国启蒙思想家卢梭最早提出“发现”说，他指出：“问题不在于告诉他一个真理，而在于教他怎样去发现真理。”德国教育家第斯多惠、英国教育家斯宾塞、美国教育家杜威和布鲁纳、苏联教育家苏霍姆林斯基，对“发现教育”都有精彩论述。尤其是布鲁纳提出的“认知—发现”学习理论。他说：“如果我们要展望对学校来说什么是特别重要的问题，我们就得问怎样训练几代儿童去发现问题，去寻找问题。”他认为，所谓“发现学习”是指学生的学习方法而言的。对教师的教学方法来说，那就是“发现教学”。这两者是密切联系的，是教学过程中相辅相成的两个方面。

在我国义务教育阶段，将“发现教育”理念应用于教育教学实践，还缺乏有效的探索，尤其对其中的思维机制缺乏必要重视与深入研究。究其原因，是应试教育忽视对学生探索精神和发现思维的培养。

我认为，中国教育必须汲取“发现教育”的智慧营养，但不能简单地“拿来”，而要结合现实进行创新。经过一段时间的思考和实验，我提出“发现作文”理念，提倡孩子们“用发现的眼光写作文”。

什么是“发现作文”？我认为，那些写出了作者的探索体验、心灵感悟和自我发现的作文，或者具有发现思维特征的作文，都属于“发现作文”。我把自己的思考和研究写成《发现作文·风靡版》一书，2004年由湖南少儿社出版。深感荣幸的是，袁隆平院士为我的这本书题写了“学会发现，启迪智慧”的题词。

《发现作文·风靡版》得到许多老师的认同。桃江县桃花江小学特级教师胡宏伟老师写信说：“我十多年来在数学教学中倡导的合作探究创新教学，觉得终于找到了归宿，那就是您倡导的发现理念。”国防科大附小易宇校长非常重视，该校成为“发现作文”课题第一所实验学校。

我将“发现教育”理念融入《小学生导刊》的办刊理念和板块设计，刊物有了新的面貌。著名儿童文学作家、湘版小语教材副主编李少白老师评论道：“学会发现之路，通向孩子们的心灵深处和生活之中。这条路是多么神奇，多么美好，让孩子们动手动脑，得到体验，学会思考，学会感悟，增长智慧，真正快乐起来，聪明起来。”

《小学生导刊》及其网站开设“发现作文”专栏并持续开展年度征文活动，十多年来发表和表彰了数以千计的优秀习作。编辑部主动推动“发现作文”课题研究，我的同事皮朝晖、袁妲、周静、谭群、姚钇帆、王鸽华、唐勇进、李菁、陈俊坤、舒琳媛、欧阳志刚等热心参与。我们提倡孩子做小行动者、小探索者、小发现者，主动创造精彩的行动故事，主动获得发现体验。

从2012年开始，我运用“发现作文”理念策划了“发现教室”主题探索活动。什么是“发现教室”？我认为，老师带领同学们开展探索性学习活动的地方，就可以叫作“发现教室”。这个主题活动要强化三个方面的特点：一是创意性，即策划适合相应年龄段学生、具有教育创意的主题；二是探索性，要具有探索价值，能激发探索的热情，能从探索方法、内容等方面带来有益的启迪；三是集体性，即参与面要广，班级或社团的成员集体行动、共同学习、互相促进，在探索过程中形成团队精神，创造自己的精彩故事和美好的成长记忆。

几年坚持下来，200多所学校加入这项活动。我们以编号的方式进行展示。湖南省委宣传部《阅评简报》发表阅评员文章《“发现教室”：走进孩子们的心灵世界》，给予了充分肯定。湖南省教科院副院长赵雄辉博士专文评论：“‘发现教室’是发展学生全面素质的好活动。”我的同事袁妲在主持“发现教室”公益论坛的过程中，深有体会地说：“‘发现作文’理念的价值不仅仅是告诉孩子如何写出优秀作文，还能有效地培养孩子的优质思维，激发他们探索世界的好奇心，培养解决问题的勇气和能力。”

我的思考和研究逐渐走向深入。我认为“发现作文”课题研究的重点是培育学生的“发现思维”和行动力。我对“发现”与“发现思维”的内涵做了思考和界定，进行全新的探索与运用。

关于对“发现”的理解，不妨以牛顿的一个科学发现为例来说明。

牛顿看到苹果成熟之后落到地上，便独具慧眼，由这个现象展开思考、感悟、探索和严密论证。最后，他获得一个惊喜的发现：苹果落地是因为地心引力的作用。在这里，我们把牛顿获得发现的过程分为三个阶段：一是“看”的阶段，即肉眼看到一个现象，这是很多人看到过的现象，却习以为常，并未引起思考和探究，得不到更多的东西；二是“探索”的阶段，即对这个现象进行思考、感悟和论证，其中运用到的方法，如提问、观察、调查、采访、查资料、做实验、思考、推理、计算，等等；三是“发现”的阶段，正如我们现在所知道的，地心引力原理的这一发现，是物理学上的重大发现。

我在“发现作文”课题里所定义的“发现”，并不是人们用眼睛看见的东西；属于“发现”的东西，是情感性的，是哲理性的，是规律性的，需要人们用心灵去感悟，用大脑去思考。

对于“发现思维”，我的界定是：由“看”——“探索”——“发现”这三个阶段构成的思维过程，即为发现思维。我看到，人们获得的所有“发现”，无不是运用“发现思维”的结晶。“发现思维”的本质，即求真务实的科学精神。“发现思维”不是空中楼阁，不是凭空而来，它建立在形象思维、归纳思维、演绎思维、比较思维、联想思维、类比思维等思维方法之上。这些思维方法都是“发现思维”的基础。所不同的是，“发现思维”特别强调思维的动力、方向和目标，要求在探索过程中运用各种思维方法，实现有所发现、有所创新的目标。

让看不见的东西被看见，这就是“发现”。

实施“发现作文”理念，是要依据“发现思维”规律，有意识地设计、组织和实施作文教学，指导学生去观察，去探索，去发现，培养行动力、独立思考能力和表达能力。各地学校在推动“发现作文”课题和“发现教室”主题探索活动中，涌现了大批优秀教师。

我一直觉得，“发现”这个词是袁隆平院士赠送给我的一份特别的礼物。我把它运用到办刊实践中，运用于作文教学研究和儿童教育研究之中，就是把这个美好的礼物传递给广大的老师、家长和孩子们，让它成了一份爱的礼物，抵达孩子们的心中，陪伴他们去创造更加美好的未来。

传递爱的礼物，我们成了幸福的人！

图书在版编目(CIP)数据

邓湘子彩色笔作文书. 激活发现思维：高级 / 邓湘子编著. —长沙：中南大学出版社，2020.8

ISBN 978-7-5487-3544-1

Ⅰ. ①邓… Ⅱ. ①邓… Ⅲ. ①阅读课—小学—教学参考资料②作文课—小学—教学参考资料 Ⅳ. ①G624.203

中国版本图书馆 CIP 数据核字(2019)第 007914 号

邓湘子彩色笔作文书

激活发现思维：高级

DENGXIANGZI CAISEBI ZUOWENSHU

JIHUO FAXIAN SIWEI：GAOJI

邓湘子　编著

责任编辑	谢贵良　梁　甜　张　倩
美术设计	几木艺创
封面设计	周　周
责任印制	周　颖
出版发行	中南大学出版社
	社址：长沙市麓山南路　　邮编：410083
	发行科电话：0731-88876770　　传真：0731-88710482
印　　装	湖南省众鑫印务有限公司
开　　本	787 mm×1092 mm　1/16　印张 10.75　字数 135 千字
版　　次	2020 年 8 月第 1 版　2020 年 8 月第 1 次印刷
书　　号	ISBN 978-7-5487-3544-1
定　　价	28.00 元